乔·吉拉德巅峰销售丛书

How to Sell Yourself

怎样打造个人品牌 _{修订版}

[美] 乔·吉拉德（Joe Girard） 著

王淑贤 马亚博 李谦 译

中国人民大学出版社
·北京·

丛书总序

"你不是在销售商品，而是在销售你自己。"这句被销售员广为传诵的名言，就是被《吉尼斯世界纪录大全》誉为"世界上最伟大的销售员"的乔·吉拉德提出的观点。

然而，令人匪夷所思的是，在销售领域如此优秀的乔·吉拉德，在 35 岁以前是一个完全的失败者，他患有相当严重的口吃，换过 40 来个工作仍一事无成，甚至曾经当过小偷，开过赌场。35 岁那年，乔·吉拉德破产了，负债高达 6 万美元。为了生存下去，他走进了一家汽车经销店。3 年之后，乔·吉拉德凭着一年销售 1 425 辆汽车的成绩，打破了汽车销售的吉尼斯世界纪录。在 15 年的汽车销售生涯中，他总共卖出了 13 001 辆汽车。他也因此创造了汽车销售的吉尼斯世界纪录，同时获得了"世界上最伟大的销售员"这一称号。

　　1978 年 1 月 1 日，乔·吉拉德急流勇退，转而从事教育培训工作，通过在全球发表励志演讲、著书立说销售自己的人生经验。《怎样打造个人品牌》(*How to Sell Yourself*)、《怎样成交每一单》(*How to Close Every Sale*)、《怎样迈向巅峰》(*Mastering Your Way to the Top*) 一经出版便成为畅销书和销售界的必读书。这几本书以其亲切、可读、实用和可信的特点，通过一个个鲜活具体的故事和典型案例告诉读者：乔·吉拉德如何通过细小行为的积淀、良好习惯的养成来打造个人品牌，成功地把自己销售出去；如何运用充满热情与智慧的策略和技巧成交每一单生意，从而克服各种困难，一步步迈向成功的巅峰。当你沉浸在这些书中的情节和场景中时，会不由自主地忘记他曾经坎坷的童年和接连不断的失意，只记得他是一个永远拥有阳光心态、永远充满激情、永不放弃追求、每天规划自己的工作和生活、认真履行对自己和客户的承诺的平凡而伟大的人。

　　《怎样打造个人品牌》一书阐述了"你不是在销售商品，而是在销售你自己"的宗旨，以及如何打造个人品牌。任何销售的本质都是先销售人——顾客之所以选择与某位销售员达成交易，是因为他们喜欢和信任这位销售员。在书中，乔·吉拉德从销售的角度来看待问题，认为生活中我们所做的很多事情，本质上都与销售有关。他认为，要坚信我们是自己最好的销售员，在向别人销售自己之前，一定要先向自己销售自己。想要将自己成功地销售出去，就要打造个人品牌。这要求我们加强自我修养：通过建立自信和勇气，克服恐惧；培养积极的心态，保持热忱，学会倾听；坚持诚实为上，信守承诺；加倍付出，乐于助人；等等。全书列举了销售自己时会遇到的各种内外部的挑战，并给出了乔·吉拉德实践过的可靠方案。

《怎样成交每一单》一书向我们展示了销售成交的关键技巧。怎样完成销售目标是每个销售员最想解决的问题，而成交又是销售过程中最为关键的部分。无论你面对的是一般顾客还是专业买主，无论你是采用面对面的销售方式还是其他销售方式，你都可以从乔·吉拉德的这本书中找到适合自己的关键技巧，这些技巧包括但不限于：怎样销售自己；怎样解读购买信息；怎样克服客户拒绝；怎样处理客户拖延；怎样排除客户异议；怎样把握成交契机。他借助自己销售汽车时的真实案例对自己的销售方法做了深入浅出的讲解。这本书的语言通俗易懂，娓娓道来，其聊天式的写作风格让人备感亲切。

《怎样迈向巅峰》一书可以带你体验迈向成功巅峰过程中所面临的挑战以及抵达巅峰时的快意。从身处社会最底层到成为"世界上最伟大的销售员"、全球知名的演讲家，乔·吉拉德始终坚信学习、奋斗、努力的巨大价值和力量。"当命运将你击倒时，你就爬起来！"这是他历尽波折后的深刻感悟，也是他深入探究的人生主题。从如何甄别哪些事情纯粹是浪费时间、如何建立自信、如何养成自律的习惯、如何与人融洽地相处，到如何发现你可以抓住的机遇和资源，乔·吉拉德在书中向你展示了怎样充分发掘个人的无限潜力，一步步迈向成功的巅峰。正如美国成功学大师齐格·金克拉所评价的那样："在《怎样迈向巅峰》一书中，乔·吉拉德分享了一些已被验证的原则和有用的策略。这些原则和策略可以帮助你迈向巅峰。他是首屈一指的执行者，他也会告诉你如何成为最好的执行者。"

　　决定销售类图书价值的因素有很多，其中作者是否言之有物而又具备良好的表达能力很重要。然而最为重要的则是：其一，书中的内容是不是作者本人的切身体会、独特感悟；其二，作者本人是不是运用书中道理而获得成功的活典范。乔·吉拉德的这套书是他对自己的销售生涯的经验总结，没有枯燥深奥的理论，没有华丽却空洞的辞藻，更没有那种让人热血沸腾的"鸡汤"语言，有的只是朴实的文字、平淡的叙述。他通过一个个故事、一段段经历，用心用情传递着实战经验。他的真知灼见皆是自己的心血与智慧的结晶。其实书中向读者展示的不仅是他出色的销售技巧，更重要的是他持之以恒、永不言败的销售精神。这套书的字里行间自然流淌着他对事业孜孜不倦的追求，对生命意义、职业价值、奋斗境界的深入思考，对相信自己、提升自己、不甘落后精神的努力践行。当你沉浸在书中时，你会感觉是在阅读一位好朋友写给你的信，或者是在和一位至交促膝长谈。他相信他能做到的事情你也一定能够做到。他之所以相信你，是因为他也是从过去的诸多经历中学会了相信他自己。

　　乔·吉拉德是一位务实、真诚的销售大师。在书中他毫无保留地与每一位读者分享了他从一个销售"菜鸟"一直奋斗到职业最高位置的宝贵经验与心路历程。他只写他自己相信的东西，而且这些东西也是他所践行的，因为他所说的一切都源于他的亲身经历。他就像一位教练一样告诉你可以做什么、该怎么去做，然后和你站在一起，帮助你一同向上努力攀登，迈向人生的巅峰。对于任何一位想要有所作为的读者来说，这套"乔·吉拉德巅峰销售丛书"都能为其带来难以估量的价值与帮助。这套书具有独特的力量：不仅可以赋能，还可以持续；不仅可以传播全新的创意，还可以改变态度，激发成功的欲望和奋斗的激情。

随着世界进入移动互联网和数智化新时代，消费变得个性化，市场变得细分化，渠道变得多元化，销售变得人性化。**所有行业及产品的营销环境和销售模式都在发生急剧的变化，但人性是永远不变的。**懂人性就能做销售，懂人性就能做好销售。销售的最终目标不仅是要把产品卖出去，还要把我们的理念、服务、价值一起卖出去，实现我们的价值追求。而销售的过程就是人性和人性之间的博弈过程：信任和怀疑博弈；守信和失信博弈；利益和风险博弈；接受和拒绝博弈，利他和利己博弈。这其中所谓的方法和技巧又必然伴随着人们对人性的理解、利用、探索和追求。真诚地理解并专注于满足人性需求，是销售取得成功的关键。**而要精准洞察需求，科学理解人性，一个根本前提就是提升销售员的素质和境界，描绘出销售员素能的精准画像。**

销售是需要智慧和策略的事业，从乔·吉拉德的经历和感悟中，我们可以从强大的内驱力、专业的销售力、高效的执行力、持续的学习力以及顽强的意志力五个视角来为销售员画像。

一是强大的内驱力。内驱力是指内心的自我驱动力。一个人有多大的内驱力，就可能实现多高的目标。优秀的销售员首先要热爱销售工作，把职业当事业，锲而不舍，久久为功；其次要有明确的奋斗目标，相信自己的力量，通过为客户提供价值实现自我价值。

二是专业的销售力。优秀的销售员必须具备专业的销售力，具体来说包括以下方面：要有敏锐的眼光和市场洞察力，不断发掘客户需求，积极开拓市场；要掌握销售的流程和体系，遵循行业规则和服务原则；要不断强化团队协作能力，以结果为导向，用业绩证明自己，努力成为销售领域的杰出人才。

三是高效的执行力。销售员是靠执行来取得业绩的。要有踏实的行动、积极的态度、不懈的努力、一丝不苟的工作作风，才能取得更好的业绩。执行力强的销售员能够全心投入，持之以恒；能够事事有着落，时时有回音；能够快速行动，迅速反应，始终保持高效率。

四是持续的学习力。乔·吉拉德说过："你永远不能满足于自己现在的成就，永远要不断地学习。"成功绝对不是偶然的，而是由一个个细节积累而成的。销售员的学习能力是直接服务于其销售能力的成长的，是直接服务于其销售专业度的提升的，也是直接服务于业绩的取得和增长的。优秀的销售员一定要在"干中学"、在"学中干"，坚持知行合一、以知促行、以行求知，不断提升自己的本领；要培养好的学习习惯，举一反三，融会贯通，像植物的根系一样不断吸收养分，对各类新知识保持高度的热情和关注，将个人强大的学习力转化为持续的销售力。

五是顽强的意志力。每一位销售精英都是从不断的否定、不断的拒绝、不断的挫折、不断的打击中成长起来的，销售业绩也是在这个曲折的过程中创造出来的。乔·吉拉德的成长和成功经历表明，销售员如果没有顽强的意志力，如果没有较高的逆商和较强的自我调适能力，如果没有坚韧不拔的毅力和绝不轻言放弃的态度，是很难攻坚克难、迎难而上的。因此，杰出的销售员一定要发扬"行遍千山万水""道尽千言万语""想尽千方百计""历经千辛万苦"的精神，着眼于长远，增强抗压能力，通过复盘与改进使自己的心智不断成熟，业绩不断增长。

书籍的寿命有长有短：有的寂寂无闻，鲜为人知；有的火爆一时，随后沉寂；有的畅销不衰，历久弥新。一本书能否流传久远，并不是取决于作者是否有这样的主观愿望，而是取决于它能否滋养和感染一代代读者的心灵。从这一角度而言，读者便是书籍寿命的决定者。相信此次中国人民大学出版社重新推出的"乔·吉拉德巅峰销售丛书"会一如既往地受到读者的欢迎，因为这套畅销书所揭示的是人性最基本、最淳朴的特质，所阐释的是个人努力所能迸发的巨大魅力。这些特质和魅力不会因时光流逝而衰减，不会因时代变迁而湮没，反而会成为任何一个时代的人都应当追求的人生最高境界。

王德胜
山东大学市场营销系教授、博士生导师

推荐序

对于任何一位想要更有所作为的读者来说，一本根据成功人士的个人经验写出的优质图书的确能为他带来难以估量的价值与帮助。这样的书具有一种力量，这种力量可以传播全新的创意，可以促使人们转变态度，也可以激发出人们成功的欲望。

在我看来，这本由乔·吉拉德所著的《怎样打造个人品牌》必将成为我们这个时代最具代表性和影响力的经典作品之一。

我曾经问一位成功的图书经销商："决定一本书的价值的诸多因素中，什么是最重要的?"他毫不犹豫地告诉我：**"要看作者，看他是否言之有物而且又有能力将内容完整地表达出来。但最重要的是，要看作者本人是否就是运用书中道理的活典范。"**如果以这个标准来衡量，那么这绝对是一本出类拔萃的书，因为作者乔·吉拉德本人，一位在美国自由企业环境中成长起来的具备罕见的热忱、活力和能力的成功人士，并非无缘无故地被《吉尼斯世界纪录大全》（*Guinness Book of World Records*）誉为"世界上最伟大的销售员"（the world's greatest salesman）。本书详述了使他成为最伟大的销售员的精神、技能与个性。在本书中，他毫无保留地与每一位读者分享了他从一个低到尘埃的基层销售员成长为最顶级销售员的经验与学习过程。

本书并不仅仅是要告诉读者乔出色的销售技巧，更重要的是展现出一个充满热情与活力的活生生的人。生命的快乐从书的字里行间自然地流露出来，你仿佛可以看到，你的一位朋友正在给你写信，他相信他能做到的事情你也一定能够做到。他之所以相信你，是因为他也是从过去的诸多经历中学会了相信他自己。

本书的主旨是：我们必须学会先将自己销售出去。顾客之所以与销售员达成交易，是因为他们相信这位销售员是个不错的人，不会欺骗他们。顾客喜欢并信任他。既然如此，他所销售的产品同样也会不错。其实，销售是一个说服的过程，在此过程中，销售员要让潜在顾客信任自己，并乐于为其提供帮助与服务，最终引导他们与自己达成交易。正是这些特质决定了乔·吉拉德就是"世界上最伟大的销售员"。不管你的职业是什么，本书都能帮助你达到顶尖水平。

我喜欢这本书，因为我喜欢乔·吉拉德。他是最能启发我和给我灵感的朋友之一。每当我和他在一起时，总会有一些新的收获。当我仔细阅读这部书稿时，我感到浑身充满了力量，它激励我要把工作做得更好。

此外，我之所以喜欢这本书，也是因为它充满了积极的思考。它包含了各种可以实现自我提升的切实可行的新点子。**这是一本妙趣横生、与众不同、独具创意的书。它会让你比现在更加喜欢你自己。它将教你如何销售你自己。**而且，只有谦逊而又真正自信的人才能让自己变得伟大。我知道乔·吉拉德会帮助你，因为他也帮助过我。

诺曼·文森特·皮尔

《积极思考就是力量》作者

目　录

第 1 章　**向自己销售你自己　　001**

我们都是销售员　002

你必须向自己销售你自己　003

你是唯一的　004

怎样表明你就是"第一"　006

让你自己兴奋起来　007

喜欢上自己的三个步骤　009

把不满当作赞美　010

你应该注意的三种人　013

怎样走上胜利之路　013

第 2 章　**向别人销售你自己**　**016**

产品包装要具有可售性　017

要了解你卖的是什么东西　022

职业高尔夫球员的故事　024

我的挑战者：杰克·拉兰纳　025

三种保持身材的练习　026

第 3 章　**建立自信和勇气**　**030**

世界上最有力量的两个词：信心与恐惧　032

自信会不断生长　035

恐惧与信念　036

消除恐惧的五个法则　038

按下信心的快门　041

第 4 章　**培养积极的心态**　**046**

向那个研究天空的人学习　050

如何拓宽你的视野　052

向那个打开天空的人学习　059

第 5 章　**锻炼你的热忱**　**062**

"金手套"的故事　063

把目标变得有趣　068

半个星期预约的故事　070

哥伦布的热忱：发现新大陆　　075

第 6 章　　**学习倾听　077**

"我的医生儿子"　　078
倾听是一门精致的艺术　　083
"公园长椅上的倾听者"的故事　　084

第 7 章　　**会说另一种语言　089**

用母语做双语表达　　090
在适当的时机说出适当的字眼　　090

第 8 章　　**记忆管理　105**

记忆超群的妙用　　105
手指上的线：记忆管理法　　107

第 9 章　　**诚实为上　124**

圣者的故事　　128
谎言的代价　　131
说实话的将军　　132
我的背痛　　134

第 10 章　　**承诺的力量　143**

承诺：衡量真诚的标准　　146
三思而后言　　149

承诺是一种契约　　150

第 11 章　**微笑的魅力　157**

那个微笑的女孩让我眼前一亮　　158

微笑是真正的问题解决专家　　159

微笑永远不会令人失望　　160

熔化钢铁的微笑　　162

完成交易的微笑　　163

如何创造更多微笑　　165

第 12 章　**做个走两英里路的人　173**

波浪舞的故事　　173

正面回报的结果　　176

买卖才刚开始　　179

第 13 章　**年轻人的自我销售法　184**

面试和简历　　198

如何应对面试　　200

继续自我销售　　203

准备的重要性　　203

第 14 章　**年长者的自我销售法　206**

我的外婆：耐心带来快乐　　208

看看自己拥有什么　　209

年长不等于走下坡路　210
为别人而活　213

第 15 章　**销售自己和你的产品　216**

基本的销售策略　218
吉拉德的销售精神　219

第 16 章　**销售自己和你的服务　235**

铺砖头与盖教堂的故事　236
服务的销售策略　237
销售一个有保障的未来　239
教学相长　242
向解决问题的专家学习　245
手术床边的个人包装　248

第 17 章　**销售自己却不出卖自己　254**

如何避免出卖自己或别人　258

第 18 章　**吉拉德的连锁奇迹　269**

250 法则　270
强调积极的一面　273
报酬呢？你收获了什么？　275
给自己相乘的效果　277

第 19 章　**持之以恒的报偿　280**

人生是一场马拉松　283
通往成功的电梯坏了　284
持之以恒的三个法则　287

第 1 章

向自己销售你自己

我的名字叫乔·吉拉德。

我在美国的汽车中心——密歇根州的底特律市——长大,这是一座为全世界装上车轮的汽车城。

我想,像这座城市的许多其他人一样,我从事与汽车相关的职业是很自然的事情,这并不为奇。不过,我选择的并不是制造汽车,而是销售汽车。根据纪录,我是世界第一的汽车销售员。

如果你觉得我是在往自己脸上贴金的话,那我就据实相告吧。这个头衔并不是我自封的,而是《吉尼斯世界纪录大全》授予我的。目前,我仍是这项世界纪录的保持者,我的名字也还在这本书上。如纪录所示,无人向我挑战成功过——没有一个人打破我创造的一年内零售 1 425 辆新车的纪录。这些车不是批量卖出去的,而是完全靠向个人零售卖出去的,是面对面销售的,而且这是经过德勤会计师事务所(Deloitte & Touche)审计的。

《吉尼斯世界纪录大全》没有提到的是，**我实际上销售的是世界第一的产品：这种产品不是汽车，而是我自己——乔·吉拉德**。我销售乔·吉拉德，以前是，现在是，将来也会是，而且没有人比我能更好地销售我自己了。

现在，让我告诉你：你也是世界第一的产品，当你知道自己该怎样销售自己时，没有人比你能更好地销售你自己。这就是本书所要讲的一切：怎样销售你自己？认真地研读它，吸收它，并将某些部分根植于脑海中。

在本书每章的结尾处，我会告诉你一些现在就要立刻做的事。如果你每天坚持阅读，你将会发现，你自己也会变成世界第一的销售员。认真地去做这些事，你将会成为一个赢家。我保证！

"销售我自己？"你可能会这样问。一点都没错，因为我们都是销售员，从我们会思考和推理开始，直到生命结束的那天。三一教堂（Trinity Church）的克莱门特·克恩（Clement Kern）神父是底特律最受人尊崇的神父之一，现已退休。他曾说，如果我们能将圣彼得常存心中，那么即使死后也能获得境界的提升。

我们都是销售员

一个正在央求妈妈准许他再看一小时电视的小男孩是在销售！

一个正在暗示男友她想去看电影而不是去看什么球赛的女孩是在销售！而她的男友试图说服她去看球赛而不是去看电影也是在销售！

一个想在周末晚上开着老爸的车出去的青年是在销售!

在女友家门前,想提升两人感情热度的男青年是在销售!

任何向老板提出加薪的员工都是在销售!

告诉孩子吃花椰菜有好处的妈妈是在销售!

无论你是谁,无论你在哪里,无论你做什么,无论你在哪里做,你都是在忙于销售。你可能没有注意到这些,但这一切确实都在发生。

那么,谁会比一个攀登上销售事业顶峰并拥有世界第一的销售员这一头衔的人更有资格告诉你该如何销售你自己呢?

首先,我们必须做好第一要务。

你必须向自己销售你自己

在你把自己(你的想法、你的愿望、你的需求、你的雄心、你的技能、你的经验、你的产品和服务)成功地向别人销售出去之前,**你必须向自己销售你自己——百分之百地销售。**

你必须要相信你自己,对自己充满信心。简言之,你必须能完全地意识到你的自我价值。

我的母亲格雷丝·吉拉德(Grace Girard),她在我的心中植入了自我价值的意识,她教会了我什么是自尊。上天知道,她对我父亲的一些看法是持坚决反对态度的。

直到今天,我与父亲的种种冲突仍历历在目。在他眼里我做什么事都不对。我从来不知道究竟是什么原因,让他断定我这辈子将一事无成，什么也不是。作为一个卖报纸、在酒店里替客人擦皮鞋的西西里岛小男孩，我所获得的只是一些从街头巷尾学来的小聪明，仅此而已。于是我开始相信父亲的话，我真的将一事无成。在少年时期，我的自尊一直处在低谷。还好，感谢老天爷，我母亲没信我父亲的那一套，因此有了今天的我。

我母亲一生中的大部分时间都是在让我确信，我是可以成为第一的。她总是在向我强调销售自己，以及相信"天生我材必有用"的重要性。母亲用自己的方式说出了数年后诺曼·文森特·皮尔博士告诉我的话：**"乔，想什么就是什么，你认为自己是什么样的人，你就会成为什么样的人。"**

这一切都开始于你是怎样看待自己的。你到底是怎样的人？

你是唯一的

我记得母亲拉着我的手，微笑地告诉我："乔，这个世界上不会有其他人像你一样。"感谢上天，大部分的母亲对自己的孩子都有这样的看法。我的母亲尤其如此。因为我深爱着我的母亲，所以我对她的话深信不疑。另外，我也没有双胞胎兄弟，在这个世界上，又会有谁像我呢？

但是，我跟邻居的一对孪生兄弟一起长大，他们是尤金·洛瓦斯科（Eugene LoVasco）和约翰·洛瓦斯科（John LoVasco）。我对他们记得很清楚。他俩真是长得像极了。我几乎总能听见他们的妈妈向我母亲抱怨，她几乎分不清这对兄弟。这话一点儿都不假，几乎每个人都知道尤金·洛瓦斯科和约翰·洛瓦斯科是对孪生兄弟，从头到脚都一样。但他俩真的是一样的吗？我搬出去几年之后，有一次恰好将这件事跟我一个在联邦调查局（Federal Bureau of Investigation，FBI）工作的朋友说了，他告诉我不可能有一模一样的双胞胎。

不妨试想一下：FBI 拥有数百万甚至数十亿指纹记录。我们都知道，没有两个人的指纹是一模一样的。从人类生命的一开始，就没有两个相同的指纹。没有两个人一生下来就有相同的手掌，更别说指纹了。

不仅如此，我的这位 FBI 朋友还告诉我，人们在耳语、正常说话、唱歌或大喊时所发出的声音同样可以用来识别不同的人。跟指纹一样，没有两个人的声音是完全一样的，将来也不会有。也许凭人的耳朵很难分辨出其中的差别，但是借由声波纹是可以加以辨别的。

这是一个不争的事实。没有两个人拥有一样的个性。从表面上看，双胞胎兄弟可能长得很相似，甚至他们的母亲也感到很难分辨，但如果你试着把其中一个人的右脸和另一个人的左脸拼在一起，你就会发现这绝对是不可能的。

世界上只有一个你，没有其他人会和你一样，与你有完全一致的指纹、声音和个性。准确地讲，你就是唯一的"绝版正品"。你就是第一。现在，你了解了这些之后，每天要做的就是在自己的大脑中不断强化这种意识。

怎样表明你就是"第一"

我有一枚刻着"No. 1"（第一）的金领夹。我时刻戴着它。过去，我之所以戴着它，是因为我就是世界第一的销售员。但现在，即使我已经不再干销售这一行，而是开始了为全世界各地的企业、工人以及大学生传道授业的旋风式生活，我仍佩戴着这枚领夹，因为它可以让我坚定自己的信念。这枚领夹仿佛在对我说："我要向自己销售我自己。"

你可能不相信有很多人曾问我这枚刻着"No. 1"的领夹代表什么意思。"你的这枚领夹是什么意思?"飞机上的陌生人、同一个讲台上或同一台摄影机下的伙伴，甚至电梯中的男女老少都会直盯着我的领夹看，都会问我类似的问题。

我告诉他们：**"它表示在我的生命中我自己就是第一。"**

这话听起来似乎有点自私的味道，有点个人主义，其实一点也不。《向第一名看齐》（*Looking Out for Number One*）这本书曾经在很短的时间内登上了畅销书排行榜。有些读者认为书中倡导的观点极度地以自我为中心，而有些比较仁慈的读者则将之视为开明的利己手册。我相信这两种人都未能抓住重点。我要传递的信息是：**如果连你都不相信自己是第一名，那么别人绝对不会相信。**你必须在意的是信念。

现在，你不妨试一下，去离你最近的珠宝店，或大商场的珠宝柜台那里，你就能给自己买到类似的 "No. 1" 金领夹了。大部分珠宝店都有。我在一份邮寄购物的商品目录中也看到过。这个标志可能像我的一样是一枚领夹，或者是项链、手链、饰物、戒指。无论你在何时何地戴着它，它都会在阳光或在室内的光线下熠熠生辉。当光芒闪进你眼中时，它总在不断地提醒你，你就是第一。从一定程度上来说，这就是心理激励的作用，这就是你在销售你自己。

让你自己兴奋起来

被誉为 "棕色炮弹" 的乔·路易斯（Joe Louis）和我一样，也是来自底特律的少数民族区，他靠自己打拼闯出了一条成功之路。在他之后，再也没有人拥有像拳王穆罕默德·阿里（Muhammad Ali）那样的勇气、动力与出众的成绩。后面我将会多谈一些有关乔·路易斯的事，现在我们先来谈谈阿里。他在走向成功的过程中换过几次名字，还能记起来吗？他于 1964 年首次获得冠军，当时他叫卡修斯·克莱（Cassius Clay）。在他改名为穆罕默德·阿里之后，于 1974 年又获得了冠军。

阿里告诉每个愿意听的人（在人群中、在休息室里、在赛场上、在广播的麦克风前、在电视的摄像机前、在报纸和杂志上），他就是第一。他的话变成了一个商标：我最伟大。

对此，你还是相信为好。我曾目睹阿里在比赛前开始销售自己。他用诗歌般的语调告诉媒体："我会在五个回合内打倒他；他准备趴在地上吧；我将会像蜜蜂一样蜇他；除了我的拳头，他会什么都看不见的。"阿里喜欢通过呐喊替自己助威鼓劲。那么，他其实是在做什么呢？实际上，他不过就是在销售自己。他打开全身的每个阀门，让全身燃烧起来，让自己兴奋起来，全身各处流动着生命的力量。结果是什么呢？他的对手听到了，目睹了这一切后，对自己渐渐失去信心，想放弃了。赛场上，为了获得最好的效果，当裁判正在宣读比赛规则时，阿里就紧紧地盯住对方的眼睛，告诉他一会儿将怎样对付他。这一切都是他销售自己的一部分。

第一次和利昂·斯平克斯（Leon Spinks）比赛时，他没有用此方法来激励自己，结果全世界的人都看到阿里这次被击败了。他没能向自己销售他自己，他没有确信自己是第一名。阿里第二次与斯平克斯交手时可没忘记这么做了。这次，全世界的人都看到他赢回了世界重量级拳击冠军的头衔。他是最棒的。

在生命的长河里，你会遇到各种各样的对手与挑战，每天你都是在赛场上。在每一个回合中，**你要么赢得胜利，要么被击倒。为什么不做一个赢家呢？**这会更激动人心，会有更丰厚的回报，当然也会更加有趣。

我认识一个伙计叫约翰·肯尼迪（John Kennedy），他曾打败多伦多淘金队（Toronto Argonauts）。他有一句精辟的名言："胜利才是比赛中最有价值的，得第二名的感受就跟以亲吻来向自己的姐妹打招呼一样。"

你不必非得把自己强壮的肌肉展现出来，也不必告诉你的对手，你将会怎么对付他。你需要做的就是保持积极的心态，告诉自己你就是最棒的。现在就去做。大声地说："我就是最棒的。"再说一遍！如果现在你是一个人，再大声地重复几次。最好让四周为你的声音而颤抖。那听起来不错吧，不是吗？现在，回过头来继续读完本章吧。

　　所有第一次就将自己成功地销售给自己的人，其销售的形式多种多样，但所有的加起来不外乎一条：**学会喜欢你自己**。怎么样才能喜欢自己呢？

喜欢上自己的三个步骤

　　乔治·罗姆尼（George Romney）是美国汽车（American Motors）公司前总裁、住房与城市发展署（Department of Housing and Urban Development）前秘书长、我所在的密歇根州的前州长。他因正直和能力而广为人知。我听说他在一次演讲中曾这样表达了他的思想：

1. 不要做任何让你感到羞耻的事，不管在什么地方；
2. 要时不时勇敢地赞美一下自己；
3. 要很乐意把自己当成自己的一个朋友。

　　这是让你喜欢上自己的很好的三步骤法。当然，罗姆尼也一定是按照自己的这三个步骤做的。通过这么多年来我对他的观察，我发现他很乐意也毫无保留地将自己的技巧和经验告诉他的市民，看得出他不仅是在诚恳地向别人销售自己，也是在彻头彻尾地将自己销售给自己。

但是，也不要以为他没有遇到过困难。他在第一次竞选密歇根州州长时，坦言自己曾向上天祈祷，以弄明白该怎样做出决定。你可能知道，也可能不知道当时某些媒体对他的嘲讽与讥笑。另一次，在关于军事及外交事务方面，他曾直言自己被"洗脑"过。于是，媒体及许多人又一次对他大放厥词。可是，他继续走了下去，而且将这些绊脚石一一变成了垫脚石。

把不满当作赞美

如果你只是不断地向自己销售自己，你很容易就会获得第一名，并保持下去。在这途中，你会遇到许多障碍，你必须先做好准备。早年间，我母亲便告诉我，在未来的人生旅途中会遇到一系列问题，但是她同时也警告我不要因为这些问题而踌躇不前。她指出，要做到这一点，必须先让自己发动起来，**不要让自己陷入消极的陷阱中**。这话不假，那是可能发生的，而且真的差点就发生在我的身上了。

在我第一次获得了"全球新车销售第一名"头衔的那一年，我所服务的汽车公司举办了宴会以表彰我。这次宴会各个领导都出席了，它甚至被称为"领导军团"宴会。我头一次赢得了铺天盖地的掌声，这是多么让人陶醉。但我一点都不知道，甚至都没想到，伴随着荣誉而来的困难正在前面等着我。

第二年，我又回来了，"领导军团"宴会上的掌声少了。第三年，我仍然回来了，但"领导军团"宴会上的掌声消失了，取而代之的是一片嘘嘘声。

这让站在讲台上的我惊愕不已。我惊慌失措，几乎说不出话来。我现在已故的妻子琼（June）当时坐在下面最后一排，她早已泪流满面。望着台下的那些销售员，我能感觉到他们的反应，但就是不明白，这些和我从事同样工作的销售员怎么一时之间变成了我通往成功之路上的巨大阻碍？

我站在那儿听着同事们的奚落与嘲讽，他们不是第一名，而是第二名、第三名。我突然记起了另一个人，他给了我突如其来的勇气。这个人就是职业棒球员特德·威廉姆斯（Ted Williams），他是那个时代最伟大的球员，也曾遭受奚落。我记得每当赛场上响起对他的嘘嘘声时，他反而打得更好了。在我生命中的那一刻，我从他那儿学到的就是：**不要理会那些嘘嘘声，继续我的工作。**

因此，在举办宴会的那个晚上，我把先前准备好的讲稿扔掉了。我让那些刚才向我"嘘嘘"的人站起来，让我看清他们是谁，我要感谢他们。是的，我要感谢他们。

我说："谢谢你们！下一年我还会回来的。"我的脸上挂着第一名的微笑，"你们给了我再回来的权利，是你们让我燃起了新的斗志，是你们给我加满了油，我的生命之车会继续全速前进的。"

然后，我走到了我的妻子面前。她脸上的妆被泪水冲花了。我问她为什么要哭，她说她是在为那些嘲笑我的人感到羞耻。她的泪水充满了对我的心疼，以及对那些嘲笑我的销售员的愤怒。

我拉着她的手，"琼，"我说，"**他们不再唏嘘我的那一天就是我不再是第一名的那一天了。他们这是在赞美我呀！**"

在接下来的两年时间里，我每年都获得了相同的头衔，不过这样的情形也一直在发生。每次我都将他们的不满转 180 度，变成赞美。

在连续 8 年保持"世界第一汽车销售员"的地位后，全国广播公司（NBC）来到"领导军团"录制节目，并准备将节目在全国播映。连 NBC 也听说了"世界第一汽车销售员"竟被同行们奚落。他们是通过《汽车新闻周刊》（*Automotive News and Newsweek*）、合众国际社（United Press International）以及美联社（Associated Press）的一些报道得知的。

再一次，在摄像机前，在全国人民的面前，同样的事情又发生了。我仍然笑着说："谢谢你们！明年我还会回来的。"

在那些年里，每当夜深人静，我一人在屋里时，我就试着去理解自己为什么会被奚落。是妒忌吗？是吃醋吗？还是他们根本不想在工作上和我付出一样多？也许他们根本付不起做第一名所需要的代价、努力与艰辛。

想清楚这些后，我下定决心，如果我要继续成功地销售我自己，就必须把这些事情从我的生命中剔除出去。妒忌就是一种甘愿留在第二名的位置、甘愿放弃的心态。我突然意识到在这些宴会上到底发生了些什么。那些在生活中位于第二名和第三名的人永远不会满足，直到他们把第一名也拉进他们的行列中。

那就是我母亲曾经告诫过我的陷阱。

你应该注意的三种人

世界上有三种人：

第一种人。你很容易就能认出他们。**这些人已经将自己销售给他们自己了。**他们都功成名就了。他们满怀热忱，他们从不抱怨，他们的脸上挂着第一名的笑容。他们就是种瓜得瓜、种豆得豆的最佳例证。他们是赢家。他们有能力用热情给你充满电。他们就是你应该效仿的对象。

那么，第二种人呢？在每间办公室、每个部门、每个商店和每间教室里，都有这样一种人。他们总是想找个肩膀供依偎哭诉，找个人来听他们倾诉烦恼。**他们自始至终都是满腹牢骚的人。**他们是失败者，是别人都避之唯恐不及的人。他们不仅自己从不振作，而且想把别人也拉下水。如果不离开他们，你就有变成跟他们一样的人的危险。

还有第三种人。他们远离了生活，轻易地彻底放弃了生活。他们的态度就是："这又有什么用？"他们曾经说的就是："让乔去做吧。"从某种程度上来讲，他们甚至比第二种人更加让人觉得可怜，因为**他们从来都不准备去试一试。**离开他们，切记！

怎样走上胜利之路

在销售自己的过程中，你绝对可以赢得胜利，只要你相信自己是第一名，并且做得也像第一名。每天，你都要通过口头或一些有形的符号不断地提醒自己，你就是第一名。就像植物需要养料一样，你的心灵也需要滋补。在一个你每天都能看见的地方，挂上一张小卡片，在上面写上："我就是第一名。"每天早上对着镜子告诉自己："我就是销售我自己的最佳销售员。"就像诺曼·文森特·皮尔博士（纽约大理石教堂的牧师，同时也是畅销书《积极思考就是力量》的作者）所告诫我们的："重复，重复，再重复地说。"你认为你是怎样的人，你就是怎样的人。

这是一个形象问题。著名的企业家兼作家罗伯特·L. 舒克（Robert L. Shook）在他的《胜利的形象》（*Winning Images*）一书中谈道："如果你想给别人树立一种赢家的形象，那么你首先必须要关注的是给自己树立一个赢家的自我形象。"

我的朋友洛厄尔·托马斯（Lowell Thomas）曾给我写了一封信。他在信中说道："我真想一切都能重新开始，紧跟着你的脚步。"这话是出自一个世界第一冒险家、旅行家兼记者的口中，自然是对我最好的称赞之一。这证明：我已经用自己的方法成功地将自己销售给他了。

而你也可以用自己的方法向别人销售你自己。其首要的规则是对自己要保持信念，相信你就是全世界最好的产品，没有人能与你旗鼓相当。

你就是第一名！

现在就行动！

- 买一个小的"No.1"领夹（戒指、项链或手镯），每天都戴着它。

- 拿一张小卡片，在上面写上"我就是第一名"，贴在浴室的镜子上。这样每天你醒来时都能看到它，带着微笑，大声地把它念出来。

- 在你的办公室、商店、厨房、抽屉里摆上一张同样的卡片。另外也要放一张在你汽车的遮阳板上。

- 每天早上醒来，将这句话念10次："我就是销售我自己的最佳销售员。"

- 每天晚上在睡觉前，将这句话念10次："在我的生命中，我就是第一名。"

- 与那些懂得如何销售自己的赢家为伍。

- 从现在起远离那些失败者。

- 把负面的想法（贪婪、妒忌、憎恨）从你的生活中赶出去。

- 下定决心，从今以后要将别人的奚落当作最有建设性的赞美。

- 每天至少赞美自己一次。

第2章

向别人销售你自己

如果没有买家，那么什么东西也卖不出去，即使你自己也一样。所以，设身处地站在买方的立场上想一想，会有人想要买你这个产品吗？

既然你想在某个时刻某个地点对某个人或某些人做某种形式的销售，你就必须脱颖而出。你不能成为某个销售不出去的品牌。

为了将自己成功地向别人推销出去，你必须让自己变成别人最想要的一套产品。你是在试图让别人以你的方式去做某些事，以你的观点来看某些事。你想要他们改变观点，让他们喜欢你或爱上你。

正如我在前面说到的，试图在周末晚上安排个约会是在销售；让老板加薪、升职、换岗位或多给几天假是在销售；想办法不写家庭作业的小孩是在销售；请求教练让你出赛而不再坐冷板凳也是在销售。医生、律师、教师——他们都是在不停地销售自己。

想想你将要以什么样的产品形式呈现在别人面前。包装与内容都是很重要的。

产品包装要具有可售性

你不可能在不了解市场需求的情况下将自己销售出去。生产商、广告公司、市场调研人员以及零售商都要花费数百万美元来包装一种产品，以便让它更具可售性。产品的大小、形状、颜色和设计也要经过数周、数月，甚至更长时间的深思熟虑。无论你买的是食物、衬衫、化妆品、酒，还是旅行服务，它们的包装都代表了产品本身。这些包装的设计主要是出于两个目的：**（1）吸引眼球；（2）让顾客购买。**

很少有人会真正想要购买商家做活动时的廉价品。他们一旦买了下来，多半会失望，因为这些产品往往并没有多少价值。

从理想状态来讲，产品的内容与包装应该一致。

所谓内容，就是你内在所具有的东西。你的性格会通过你的眼神、脸上的微笑、所说的话、你随时准备倾听的程度，还有你的热忱、你的态度以及你的外表表露出来。

包装是你的外表仪态：你的整洁、修饰、体重、穿着以及穿着的方式，还有你的姿态以及你所穿的鞋子。

本书所强调的自我销售是着重你的包装的内容，以及如何将它们打造成一个能使你更容易地达到目标的绝好的亮点。但是现在，让我们来考虑一些关于你的包装的一些事情。毕竟，这是你给别人的第一印象。销售你自己就是从这里出发的。成败与得失可以说都是因包装而起。

你多久会收到一些在运送过程中包装被草率处理的包裹？如果这个包裹在运输过程中被摔在地上，沾满了灰尘，包装纸破了，或捆扎的绳子松了，你收到时大概会担心里面所装的东西的状况了。

人也是一样。我们的外表形象必然正面地反映出我们想积极地销售给其他人的品质。如果外在的包装让别人开始怀疑我们的内容，我们可能就要对销售这件事说再见了。

照料身体的八个原则

1. 每天都要沐浴或冲澡。你会看上去更棒，你的感觉也会更好。可以用一些古龙香水，但不要过量。

2. 照料好你的头发。有规律地经常洗头。不要让自己显得过于古板，做个现在流行的发型，并将它梳理整齐。不要让头皮屑影响了你的形象。

3. 如果你是女性的话，请小心使用化妆品。认真仔细地使用，让它来强化你最美的特征。不要浓妆艳抹。你要做的是对别人产生影响，而不是去征服别人。

4. 如果你是男性的话，尽可能地勤刮胡子，必要的话每天两次。

不要每天拿工作忙作为借口。留着胡子不会让你看起来粗犷豪放，只会让别人觉得你没有刮胡子。在你的办公室、商店或抽屉里多放一把剃须刀。

5. 如果你是女性的话，要经常护理你的指甲。选择能衬托你双手的指甲油，不要选那种过于显眼的颜色。黑色和艳红都是比较刺眼的颜色。

6. 如果你是男性的话，要保持指甲整洁，并常修剪。修指甲是一件关乎个人选择的事情。抽烟会在指甲上留下尼古丁痕迹。女性更应该注意这一点。

7. 保持良好的体态。必要的话把多余的体重减去（这一点在后面的章节中还会介绍）。从今天起就开始实施一个运动健身计划。

8. 检查自己的姿态。站姿要直，走路要抬头挺胸，收小腹，肩膀挺直。记住，你是第一名。第一名的人无论是站着还是坐着，都从来不会显示出一副懒散的样子。

现在，再来谈谈衣着。

记住：无论你穿什么，对许多人来说都表明了你是个什么样的人。"人靠衣装"，这句话的确是实情。穿着的时间与地点也是决定性因素。身着晚礼服或裘皮大衣的女性去餐厅或剧院是很美很合适的，但如果这样穿着去参加商务会议就显得有点滑稽了。也许你会说："这有点太夸张了吧?"一点也不，我就亲眼见过这样的事。

我认识一位执业心理医师，他的工作就是给人提供指导。在白天，他会穿得很保守，这也是为了让顾客能对他产生一种信赖感。不过到了晚上娱乐休闲的时候，他的穿着就会判若两人。他会穿上牛仔裤、皮衣，戴上项链和手链，甚至在左耳上戴上一个小小的金耳环。

但是，你能想象他把休闲时穿的衣服拿到工作时穿会产生什么效果吗？我想，如果真是这样的话，他的这份工作肯定没什么前途可言了。

已故的贾米森·汉迪（Jamison Handy）是销售，尤其是汽车销售培训事业的开创者。我听说他穿的上衣是特制的，没有口袋。这成了他的特色。他认为胸前的口袋是他和谈话对象之间的一个阻碍。因为胸前的口袋里经常装着手帕、钢笔、铅笔或香烟、雪茄之类的东西，人们的注意力往往被这些东西吸引，从而无心去听讲话者所要讲的内容。

但是，这算是一种怪癖吧。当我从他那儿学到更多的零售知识时，我发现他的这种特殊癖好可能使他犯了一个错误。我知道，很多人因注意到他的上衣胸前没有口袋而分心了。他们会情不自禁地盯着领子旁边的空白部分出神，关于所听到的到底是什么自然也就被忽略了。

没有什么比时尚的变化更快了。今年流行宽衣领和宽领带，明年又流行起窄领带了。西服是双排扣还是单排扣？这是你自己的选择。马甲呢？有时流行同色系，有时又流行起对比色系了。西装的滚边缝线呢？它们像滚梯一样，上上下下，没个准头。帽子随着时尚变来变去。牛仔裤是全世界都穿的。简言之，穿着风格关乎一个人的品位和喜好。在你的面前有这么多选择，不妨参考下面的建议。

着装的八个原则

1. **买你负担得起的最好的衣服**。品质就是证明。好的衣服穿在身上绝对会让你感觉更好，也会穿得更久。无论你买的是什么东西——套装、上衣、帽子、鞋子，都要合身。

2. **购置完整的行头**。为商务、工作、旅行、休闲等选择不同的服装。一定要仔细挑选。这些常备的行头可以在多种场合穿，并承担不同的职责。不同的搭配可以呈现出不同的效果。

3. **穿着必须要看场合**。穿衣服要看场合。你不会看到银行行长上班时穿着蓝色的牛仔裤，你也不会在足球场上看到运动员身着"三件套"的西装。

4. **衣服要挂整齐**。要小心地挂好西装、上衣、毛衣和裤子，这样就可以保持衣服不变形。要好好对待你买回来的衣服。

5. **经常清洗和熨烫衣服**。污渍、斑点或褶皱不但对销售你自己毫无裨益，还会产生反效果。适当地清洗会让衣服看起来更舒适，也更耐穿。

6. **选择有衬托效果，而不是分散注意力的附件**。过分花哨的项链就是一种分散注意力的配件。女士佩戴的摇摇摆摆的大耳环也是如此。还有，过大的腰带和手镯、带格子的衬衫和套装也常常会让人眼花缭乱。

7. 根据衣服搭配合适的鞋子。鞋子的颜色要以黑色和咖啡色为主，并选择适合商务、休闲和运动等不同场合穿的鞋子。

8. 好好保养鞋子。鞋撑可以保持鞋形，避免鞋面变形。要让鞋子保持光泽，注意鞋后跟的磨损情况，不要把鞋子穿破。我所知道的唯一能在鞋子穿出洞的情况下仍毫不在意的人是曾参加总统竞选的阿德莱·史蒂文森（Adlai Stevenson），数以百万计的人通过电视目睹了这一切。记住，他输掉了那次大选。

简言之，为了让自己成为最可能卖出去的产品，你要尽力做各种事。作为最后一项测试，请你自问这个问题：我会不会买我自己？

要了解你卖的是什么东西

每当我准备销售自己时，我就会先问我自己：**这次销售的目的是什么？**"哄骗"声称不会做饭的女儿学学她妈妈，给我做一顿我最喜爱吃的意大利面？

我想说服外国汽车厂商的销售总经理，告诉他销售策略应在全球保持一致，而且销售美国车不妨碍我同时卖外国车吗？

我想说服船舶经销商，告诉他船舶销售员可以跟汽车销售员一样从 5 小时的"乔·吉拉德销售培训课程"中获益匪浅吗？

或者，我只是想让街坊的报童确信我是他最好的客户，以免在他骑车经过我家时把报纸丢得没有准头吗？

一旦我对销售的目的有了一个清晰的概念，下一步我就要问自己：**我该做些什么才能确保成功？**

如果我只是一味地告诉国外汽车厂商的销售总经理，我一直卖的是美国车，而不谈我卖外国车的事，那么我绝对不能说服他我跟他可以合伙。他对我的过去不会感兴趣，**他关心的只是自己的将来，在意的是我能为他做些什么**。那就是我真正要销售的东西。

如果我想要让船舶经销商把他的销售员送到我的培训课上，那么我应该向他强调销售的普遍策略，而不是我怎样卖车。已检验过的销售方法才是我真正要销售的。最近，我给一位船舶销售员讲授销售课，他是班上 89 位汽车销售员之外唯一的船舶销售员。在课程结束后，所有的汽车销售员都有了进步，这位船舶销售员也不例外。由此可见，即使销售的是不同的产品，这些销售法则也同样适用和有效。

而且，就像街坊的报童必须向我销售他自己一样，我也必须向他销售我自己。我称之为"良好投递服务的保证"。如果他来收报纸钱时我立即付费，或者我对他的服务（下雨天在报纸外面裹上一个塑料袋，并放在我家门口）表示感谢的话，我一定可以成为他最好的客户。

如果你想要成功地销售自己，先要确定你知道自己有什么可卖的。

日复一日，人们都在积极努力地将他们自己销售出去，但**他们当中许多人没有成功，因为他们销售的是自己不具有的东西，而不是自己所具有的东西**。这是一个重要的法则。

职业高尔夫球员的故事

我曾经目睹违反了这一法则的不幸后果，当时我在一个广播节目脱口秀中宣传我的一本书。我知道有两点必须要销售：首先是我自己；其次才是这本书。由于这本书讲的是销售，所以在广播中高谈在公立学校进行性教育，或是谈谈对外科医生警告"抽烟有害健康"这一观点的看法，对我来说都是在浪费时间，也不是我来此的目的。

我首先花几分钟介绍了一下我在销售方面的情况，然后开始说更重要的：我为什么以及是怎样写这样一本书的？这几分钟的时间都是与销售相关的，别无其他。

我和一位年轻人一起分享了这段广播节目时间，他是一位来自中西部的职业高尔夫球员，据我所知，水平还相当高。他最近刚赢了一场18洞的公开赛，这场比赛是由一位电影明星赞助的。再过几周，他将参加另一场职业高尔夫锦标赛，而且看起来他很有夺冠的希望，一大笔奖金在等着他。

在广播节目的这段时间本是他销售自己以及他所拥有的职业俱乐部的理想时机，可是他却没有这么做。相反，他高谈阔论起当地的风土人情，仿佛他要销售的是这些。他谈到现在是钓鲑鱼的好时机，也谈到对中东和平的展望。

可以肯定的是，这些话题都很有趣，也证明了他涉猎广泛，但那不是他来这儿的原因。他此行的目的应该是谈高尔夫。在这段极为宝贵的短暂时间里，我想他还没花到一分钟讲他的职业和高尔夫比赛。他忽视了他真正要销售的产品：他自己。

我们必须在正确的时间向正确的人展示和销售，了解这一点很重要。那需要我们列出清单，了解我们手上有什么可供使用。在列出清单时，一定要确保外在包装要恰当，如此，人们才会接受包装里面的内容。下面我将再举一个例子来说明这一点。

我的挑战者：杰克·拉兰纳

我第一次遇见杰克·拉兰纳（Jack La Lanne）是在 1975 年的夏天，当时我正和其他许多杰出的商业人士因在该年度取得的杰出成就而被授予"金盘奖"（Golden Plate Award）。我是因为零售方面的成就，而杰克是因为推广健身理念，他被誉为"健身俱乐部的宗师""美国健康之父"。杰克的身体全是肌肉，而我的则几乎全是脂肪和赘肉。

在宴会上，我吃得太多了。宴会结束后，杰克对我说："乔，我钦佩你的销售哲学，但坦白地讲，我喜欢你脖子以上的部分，脖子以下的部分实在是看不下去。"他以一种轻视的眼光看着我的肥肚子。

"你是世界上最伟大的销售员，"他继续说道，"不过我跟你打赌，有件事你办不到，你不可能成功地完成。"

然后，他向我提出挑战，打赌让我减肥，并持续地保持良好的身材。他甚至告诉我该如何去做。他列出了一些明智的饮食习惯，让我减少淀粉的摄取，多吃蛋白质和水果。他建议我早餐以谷类食物为主，并且每周要节食一天（我在最忙的日子也通常很少有时间考虑吃饭的事）。他同时告诫我（现在我也要告诫你们），在实行任何减肥计划之前必须先咨询一下医生。

三种保持身材的练习

杰克·拉兰纳向我推荐了一个只包含三种简易练习的健身计划。

1. 42个仰卧起坐，早、晚各一次；

2. 42个俯卧撑，早、晚各一次，一开始做时，可以膝盖着地；

3. 平躺着踩空中脚踏车42次，早、晚各做一遍。

我回家后立刻决定"等会儿再做"。

你看，我臃肿的身体控制了我的大脑，而不是大脑在控制身体。

3个月后，1975年秋天的某个早上，当我沐浴完毕走出来时，看见镜中的自己，简直有点不敢相信。天啊！那个大肉球竟然就是我，我活像是一个从湖中浮出来的怪物。我太厌恶自己所看到的，于是立刻下定决心，我一定要接受杰克·拉兰纳的挑战。我想上天也会帮助我的。

我去做了一次体检，开始控制饮食。每当我想多吃多喝时，就强迫我的身体服从我大脑的指挥。我每周禁食一天，每当我想放弃的时候，我就命令身体要听从大脑。我开始执行"42－42－42"的健身计划了，每当我酸痛的肌肉请求我停下来的时候，我还是让身体服从我的大脑。

一年过去了，结果怎么样呢？我的体重降为156磅（减去了51磅的赘肉），同时拥有了平坦、结实的小腹，以及34英寸的腰围。我急忙给杰克去了一封信，告诉他这个赌他输掉了。但返回来的是另一个新的挑战，"但是你能将它保持下去吗？"于是，一年又过去了，我的身材依然保持得很好，直到现在。

谢谢你，杰克·拉兰纳！

销售自己时必须列出清单。

一个按摩治疗协会邀我去给他们做演讲。我作为一个汽车销售员出身的家伙该怎样向一群医生销售自己呢？他们想从我这里得到的是将他们自己销售给大众的技巧。这些医生已经厌倦了被称为正骨师或脊椎治疗师。我把本书要告诉大家的思想与方法，用一小时的时间传授给他们了。

一位美国海军指挥官请我给那些海军士兵演讲。他们的工作是招募青年男女入伍。我能向他们讲些什么呢？我感觉我完全不适合这种工作，我告诉指挥官我可能不是他所要找的理想人选。他说："吉拉德先生，我敢跟你赌一美元，如果你知道谁将跟你一起同台演讲，你一定会去的。"

"谁？"

"要是美国总统，你觉得怎么样？"

我说："你想让我把这一美元送到哪里？我什么时候去你那里演讲？"

或许我的动机不纯，但有了这个激励，我开始列清单了。我知道海军士兵有一些东西可以销售：公职人员、良好的退休计划、有学习专业知识的机会，甚至可以上大学、追求自己的事业。对于海军来说，有很多事情比"出海兜风"或"每个港口都是新的环境"更有吸引力。我又突然想到了一个简单的真理。这些海军士兵要向公众销售，当务之急就是要将自己塑造成值得美国年轻人信赖的好伙伴。于是，这些海军士兵同样获得了关于这本书的一小时"充电"。

每天从你清晨醒来的那一刻起，你就是在向别人销售你自己。这是你早已知道的事。你要了解的是该怎样把它做得更好。本书接下来的内容就是告诉你该怎样去做。

现在就行动！

- 每天早晨一醒来就要自问：我会买我这个商品吗？不要停下来，直到你的回答是肯定的。

- 让人们一看你的外在包装就想知道里面的内容。要让自己能卖出去。

- 每天都要检视自己的仪表。要洗澡、洗脸，如果你是男士的话，还要将胡子刮干净；如果你是女士的话，还要化个吸引人的妆。

- 站直。将肩膀摆正，做出第一名的样子。如果你有赘肉，那么减掉它。记住"42 - 42 - 42"健身计划。
- 检查你的衣柜。衣服是否平整干净，摆放整齐了？鞋子擦了吗？西装、衬衫和领带是否搭配？上衣、裙子、套装是否简而不凡？
- 看场合穿衣。和老板开会时不要戴摇摇摆摆的珠链。

第3章

建立自信和勇气

没有缺乏自信这回事。每个人都会对某些东西有信心。

如果你很沮丧，而且你也承认这一点，那就表示你对你的沮丧有信心。你的信心是不会让你失败的，真正让你失败的是你投之以信心的那些事情。

在成功的自我销售中，对自己的绝对信心是必不可少的，另外还要有不会销售失败的信心。如果这个道理正确无误，那么我们必须确保我们的自信心为我们工作，因为我们在销售自己时，是把信心放在自己的身上。

我们最好这样做，因为如果我们对自己都没有信心，那么在这个世界上还会有什么对我们有信心呢？

我把重要的因素称为建立自信。就像小孩子搭积木一样，我们经常也会发现自己被彻底地击垮了，但我们不得不从地上爬起来，重新开始。

这种情形在我身上发生过许多次，如果我没有从这些经历中汲取经验并得到更大的自信与勇气，我也无颜提起。

我有过一次几乎彻底丧失自信的经历。那是 1976 年初，我接到诺曼·文森特·皮尔博士打来的电话。他是宣讲信心主题的第一人，帮助了无数人战胜恐惧、走向胜利。他是我的朋友。我以前谈到过他，以后还是会谈起他，个中的原因不是我尊崇他这个人，而是他教给了我生命中最重要的东西。他曾经称我为"世界上积极思考第一人"（World's Number One Positive Thinker）。如果我是，那么也应该归功于他。

那个电话内容是这样的：

"乔，我想让你和你的妻子一起来我的教堂。拜托，你们两个一定要来。"

我太了解皮尔博士了，此次邀请除了社交拜访之外，一定还有其他的原因。我等他接着往下说。

"乔，我要你来纽约和我一起祈祷。"

和他一起祈祷！你能想象这句话对我造成了多大的影响吗？我是谁？竟然可以与诺曼·文森特·皮尔博士一起祈祷？他可能是全美最负盛名的牧师。我甚至想都没想过，对他这么一位将自己全身心都投入到了帮助别人上的人，我能有什么可以帮助他的呢？

我的信心像夏天里被晒黑的皮肤一样开始褪色。1976 年 4 月 4 日，我发现自己坐在教堂的前排，在仔细倾听他所讲的每个字。

世界上最有力量的两个词：信心与恐惧

"我想告诉你们世界上最有力量的两个词，"皮尔博士说道，"第一个词只有 5 个字母，但它却有可以撼动高山的力量。"他的每一句话都令人振聋发聩，"这就是'**信心**'（faith）。"他一字一顿地说道，"对自己要有信心，对别人要有信心，对你的能力要有信心，对今天要有信心，对你的将来也要有信心。如果你没有的话，谁又会对你有信心？"

接着他又说了世界上最有力量的两个词中的另外一个，它是如此有力量，如果你任由它发展的话，你的信心可能会被扼杀。"这个词，"他说，"由 4 个字母组成，"他的声音中透出一种轻蔑，"它就是'**恐惧**'（fear）。"再一次地，他一字一顿地说道："害怕你成不了某些人，害怕你做不了某些事，害怕过去以及过去的结果，害怕明天以及明天可能面临的后果，害怕你可能会失败。"

这时我想起了我自己。不过，我还来不及多想，就已经听见皮尔博士在谈起我了。为了解释信心与恐惧，他以我为例子。我惊呆了。他已经将我和琼从前排中指了出来，当时我的自信完全没有了，我感到所有的目光都集中在我身上了。

恐惧与信心；失败与成功。这就是我的生命故事。我的思绪随着他的话飞回了底特律，想起我父亲不时地提醒我将会一事无成，而我母亲则同样不时地向我保证我可以克服任何困难，只要我全力以赴。

那个 4 月的周日早晨，这就是皮尔博士所谈的问题的实质。

在按客户要求提供定制房屋这一领域，我曾经也做得不错。我有美满的婚姻，一个非常棒的妻子，两个孩子——小乔（Joe Jr.）和格雷丝（Grace）。然后，经过一连串的事件，梦魇终成现实。我发现自己的建筑事业深陷泥淖。我将事业拓展得太快，听信了一些错误的承诺。我一下子身负巨债。执法人员拿着法院传票想把我从屋子里赶出去。银行要收回我的汽车。更糟糕的是，家里的食物也所剩无几了，而我连维持家用的钱也没有了。

一夜之间，恐惧占据了我的内心。我将汽车停在离家几条街的地方，以免被银行的人发现。我从房子背后的窗户爬进家里，以避开法院派来的执法人员。从窗户爬进去！我竟然在做这种事！

我和孩子们玩了一个不诚实的游戏，我害怕法院派来的执法人员来到我家里将法院传票亲手交给我。我告诉小乔和格雷丝，我们在和邻居以及过马路的人玩游戏——一个不能开前门和后门的游戏。我告诉他们谁先开门谁就输了。

当然，这些小伎俩无一奏效。游戏并不是问题的答案。很快，我就失去了我的房子、汽车和仅有的尊严。我也知道这一天终究会到来，躲也躲不过。我经历了躲在墙根和门后的日子，想着自己永远不可能重拾自信。

当妻子告诉我家里已经没有食物时，我更感到一种深深的恐惧。突然，我的未来就是要想尽一切办法去弄一袋可以解燃眉之急的食物。但是，对此我却毫无信心。

我跪下来祈求上帝重新赐给我信心。经常应验的事终于在我身上发生了。上帝和我的妻子齐心协力，众志成城。

在我人生的最低谷，琼将我拥进怀中对我说："乔，我们当初结婚时也是一无所有。然后，一转眼间，我们又什么都有了。现在呢，只不过我们又一无所有了。那时我对你有信心，现在我对你同样有信心。你可以再次成功。我相信你！"多么伟大的女性！在她的短暂生命中（她于1979年离我而去），她一次都没有打击过我，从未抱怨过，也从来没有对我失去信心。那一刻，我学到了一个重要的真理：

建立自信的最好方法之一，就是从别人那里去接受它。

皮尔博士4月里的这番话，让我的往事一幕幕如潮水般涌来。

我的一切又从头开始了，重启了建立自信的旅程。我打电话到底特律一家比较大的汽车经销商那里求职，想得到一份汽车销售员的工作。给我机会的人是销售经理唐·黑利（Don Haley），他起先对我有些不耐烦。

"你卖过汽车吗？"

"没有。"

"是什么让你觉得你能胜任这份工作呢？"皮尔博士的忠告（如果你认为你可以，那你就可以）让我的思绪一下子回到了唐·黑利当时提出的问题上。

"我卖过其他东西——报纸、鞋油、房子、农产品。不过，人们真正买的是我这个人。我卖的是我自己，黑利先生。"

我已经重新建立了足够的自信心，我忘了自己已经 35 岁，而销售汽车在一般人眼中是年轻小伙子干的事。

他笑了。"现在是淡季，吉拉德。业务状况很差。如果我录用你，对其他销售员不太公平。进店里来买车的人已经不多了，我怎么能再分散客源给你呢？"

琼对我的信心让我的自信更强了，我说："黑利先生，如果你不用我，会是你这辈子最大的错误。**我不会坐在店里等客人上门。**你只要给我一张桌子和一部电话，2 个月之内我就会打破你旗下最佳销售员的纪录。我向你保证。"

黑利在楼上的角落给了我一张脏兮兮的桌子和一部刚切断又得重新接上的电话。就这样，我又开始了新的职业生涯。

那时的第一笔生意是最困难的，可是一旦完成，接下来的每一笔生意都很顺利。于是我学到了以下另一个真理。

自信会不断生长

不只是卖汽车，生活的方方面面都是一样。就如同我告诉黑利的，我是在销售我自己。每天第一笔生意的自我销售，会引导你一整天冲刺的脚步。

这就是我重新向顶峰攀登的开始。从一张桌子和一部电话到一笔接一笔的生意，黑利完全不敢相信。2 个月内，我实现了当初的承诺。我打破了当地所有销售员的纪录。

还清债务（欠木材公司的、欠水泥匠的、欠铺砖师傅的、欠推土机公司的）之后，我也重新找回了自尊。之后发生了另一件事，让我的销售业绩快速攀升。我的那些客户们（就是我开始销售生涯的头几年里找我买车的人）对我的信心让我建立了更大的自信。信心因而源源不断地增加。一年内，我从卖出第 1 辆车到卖出第 1 425 辆车，因而成为世界第一的汽车零售业务员。

以上就是皮尔博士讲述的关于我的内容。我发现了一些重要的真理，以及关于自信和勇气的法则。

现在，如果我把这个法则传递给你，而你让它们产生了效用（我知道你可以的），那么我就是在销售我自己了。

恐惧与信念

孩提时，一方面，我似乎一直在被父亲灌输负面的观念："你永远成不了大事，你永远都会失败，你一无是处。"他一直将恐惧的法则注入我心中。

而另一方面，我似乎又从母亲那儿得到了下面的思想："要对自己有信心，你是个赢家，你可以做到你想要的。"她总是灌输给我信心法则。

于是我开始思考双亲所说的信心和恐惧。其实，在某种程度上，我们都会有恐惧和信心的声音在耳畔回响。

恐惧那一边说："你不可能做到，你没办法成功地实现自我销售，这个工作太艰巨了，你没有勇气的……"

信心那一边则告诉你："你可以做到任何你想做的事；你比自己想象中更有勇气；别人会尊重你和信任你，因为你值得被尊重和信任……"

你应该拿这些声音怎么办呢？我自己是这么做的：有一天我从高速公路出口出来时，我决定建立自信和勇气的好方法就是关掉恐惧的声音，玩听不见的游戏，拒绝去听每个来到我面前的负面的想法和字眼。

同时，我一面开车一面了解到，一个体重 156 磅的我完全操控了重达 4 000 磅的汽车。我是它的主人。只要我稳稳控制住，继续当它的主人，我们（汽车和我）就会平安地到达目的地。但是，如果我让汽车失去控制，就会发生混乱。

我有一位朋友是著名的脑外科医生。他曾经对我说，在每个人的外表之下都有两个部分：**思想**和**肉体**。第一个部分是我们的主宰，它在脑部的大小约等于一块橡皮擦。当思考的部分掌控一切时，可以产生重大的改变。不幸的是，只有 5% 的人是让思想来掌控自己，另外95% 的人则是受身体的掌控。同样的道理，**很少的人是受信心引导，许许多多的人都是受恐惧左右**。

头脑告诉你："前进，要有信心，你办得到，立刻去做。"这是信心在说话——世界上最有力量的词之一。

身体告诉你："放弃吧，你会失败的，你做不到，待会儿再做。"这是恐惧在你的耳边说话。

建立自信是不可能"等一会儿"的。我最喜欢的餐厅是底特律的希腊城（Greektown）餐厅，那儿有雅典最好吃的羊肉片。餐厅里有个标识牌，上面写着："你可以无限制地赊账——明天！"

这是很安全的做法，因为没有明天这回事。今天就会决定你明天的样子。今天才算数。把头脑中恐惧、软弱以及摧毁信心的想法，丢到一星期以前、一个月以前或是一年以前。今天就是你决定让脑中橡皮擦大小的部分（信心）来掌控身体的日子。今天是你让恐惧永远消失的日子。你会问：那要怎么做呢？

消除恐惧的五个法则

下面有 5 个法则可以帮助你消除恐惧，让信心和勇气取而代之。它们对我很有效，对你也一定有效。

1. 相信你自己；

2. 结交充满信心的人；

3. 调整你的信心机器；

4. 做自己的主人；

5. 让自己保持忙碌。

我们针对每一个法则来思考一下。

1. 相信你自己。 自信心是从相信你自己开始的。还记得那句话吗？你能得到任何你想要的。试试这个方法：把这句建立自信的话写下来，贴在浴室镜子旁、汽车遮阳板上。每天看着它。大声地念出来。让它们深植脑海。然后在下面加上这些字（这是我自己的经验）：我一定做得到。只要你认为自己能，你就一定能。

我从小的生活环境并不十分理想。在那里，一个小孩子离开家门到了街上可能就得跟人打架了。为了生存，我必须变成爱打架的人。我必须讨好街上每一个恶霸。还好我母亲的劝告给了我自信。"你办得到的，乔，如果你真的想要的话。"没过多久，我便有了自信，我不必再为了在街上生存而讨好那些恶霸。我也因为自信而赢得了别人的尊重。

2. 结交充满信心的人。 远离那些消极、胆小的人。我记得数年前美国出现了石油禁运的问题，燃油稀缺便成了销售汽车面临的潜在问题，因为人们因燃油稀缺而不买车了。我所在的经销店里有些销售员因此失去了信心，辞掉了工作。我规定自己只和那些对未来毫无恐惧的销售员在一起。他们对自己的销售能力有信心，无论是否存在石油禁运的问题。跟他们在一起进一步增强了我的自信心。记住：信心会源源不断地增加。

3. 调整你的信心机器。 一位广受好评的演讲者常常受邀为业务人员演讲及参加各种讲习会。有一天，他在寻找一个能够激励人心的主题，以便提升人们的自信心。他在开车到俄亥俄州演讲会场的途中，看到一块关于一种添加剂的广告展板。那种添加剂是加满油时放在油箱里的，可以清洁化油器，让一加仑汽油能跑更多的英里数。对了！这就是他演讲的主题："添加自信心，清洁你的信心机器，它才会有效地运转。"

4. 做自己的主人。布里格姆·扬（Brigham Young），著名的摩门教开拓先锋，他带领信徒们从密西西比河谷来到犹他州。他们凭借着信心和努力，发现了一处荒野，并将它变成了繁荣富庶的大都会盐湖城。摩门教不鼓励抽烟。布里格姆·扬怕自己抵挡不了烟草的诱惑，所以随身带了一包可以咀嚼的烟叶。我记得在介绍布里格姆·扬的电影里有一个场景，每当他觉得受不了诱惑时，便把烟叶拿出来盯着它说："我比烟大还是烟比我大？"他当然知道自己比烟大，了解到这个事实之后，他又把烟叶放回口袋里，而不是放到嘴里。看，信心克服了恐惧，心灵战胜了肉体。

亨利·福特（Henry Ford）说，有信心的人因为面对恐惧而得到了勇气，而不是逃离恐惧。你必须学会做同样的事：昂然面对你对自己的疑虑，并且问："我比它们大还是它们比我大？"然后将它们放回你的口袋里。做你自己的主人。

5. 让自己保持忙碌。忙碌的人很少有空闲容得下恐惧和疑虑。从1974年开始，底特律都会区的汽车经销商从一周上6天班改为上5天班。当时全美国只有这个地区的汽车销售员从周一工作到周五。

由于周六是生意最好的日子，我想如此一来前景只会一片暗淡。直到信心在我的耳边说话。我点燃了我的机器，将化油器清理干净，继续努力工作。我告诉自己，市场仍旧在那里，人们依然需要买车，只不过我必须将从前6天的工作量在5天之内完成。

我太忙了，因此没有时间去想我是不是能成功。而让自己保持忙碌的结果就是：第一年，我每周工作 5 天卖出的汽车数量和以前每周工作 6 天卖出的汽车数量几乎相同。事实上，我的年度总业绩只减少了 49 辆。

最近一次的假期，我花了些时间用妻子给我买的全新的相机拍了几张照片。那时候她的一番话很适合本章的主题。她说："乔，他们说这部相机会帮你做所有的事情。你可以放心去照相。你不必担心曝光或对焦，或任何照出来的效果。"

她说对了。那部名牌相机除了照出好相片之外，的确还帮了我更多。我很想知道这个不过口袋大小的玩意儿是怎么做出来的。我在 B. C. 福布斯（B. C. Forbes）的著作《缔造美国伟业的人》（*Men Who Made America Great*）中找到了答案。下面是一个克服恐惧并建立自信和勇气的故事。没有人比一个来自纽约、想将美国变成照相王国的年轻发明家更需要自信和勇气了。他秉持着对自己坚定不移的信念，不致陷入贫困和绝望之中。这个坚定的信念教他如何消除恐惧，领他踏上发明之路，发明出每个人都会操作的、简易的拍摄及冲洗影像的方法。

按下信心的快门

乔治·伊斯曼（George Eastman）小时候就搬到了纽约州的罗彻斯特。他在那里长大，成为一名修理锅具的工匠以及发明家。他是一名业余的机械工，他把工具运用得就像手指一样灵活。当然，乔治·

伊斯曼并没有发明照相的技术，早在他出生的年代，即19世纪50年代便有了照相这种技术——事实上，今天我们所看到的许多杰作，都是由一位名叫马修·布雷迪（Matthew Brady）的摄影师拍摄的。在伊斯曼那个年代，冲洗需要利用繁杂的湿板。因此，乔治想要发明一种轻便的携带型相机，然后进一步改进冲印方式，于是有了后来的亚胶干板冲印。

他越来越成功，他开始生产干板，结果几乎供不应求。可是突然毫无预警地发生了变故。人们不再买他的干板，零售商把产品退回伊斯曼的工厂，客户的投诉从四面八方涌来——主要是关于干板会使得光感度降低，简单地说，就是照出来的相片模糊不清。

乔治·伊斯曼必须从头开始，就像我的职业生涯一度跌落谷底一样。他必须向零售商、照相馆、消费大众重新销售自己。他慌了。他对自己的能力失去了信心，害怕自己没有能力生产照相馆所需要的相板。这种想法夜以继日地折磨着他。他从一个成就非凡的人变成了一个穷鬼，从自信满满变得开始怀疑自己。

他一次又一次地尝试找出错误。他前往英国，据说那里的干板技术很成功。但即使他从英国学到了新配方，成功也并没有降临到他身上。一切似乎不可逆转，因为他要销售自己已经变得越来越困难，伊斯曼几乎要放弃了。他后来说，所有往后的困难加起来都比不上当时的处境。

他的事业伙伴，就像我的妻子琼一样，对他有信心，并督促他继续研究。他开始采取一些做法，逐步放下恐惧，找回信心。

他重新相信自己。他严厉地告诫自己，提醒自己他有灵活的头脑、异于常人的好奇心以及满腔的雄心壮志。

他决心要和那些充满自信，并且对他仍有信心的人在一起。其中之一就是比尔·沃克（Bill Walker）。比尔搁下了湿板冲印事业，督促乔治运用巧思，努力去发明可以拍摄影像的轻巧材质。于是乔治全心投入，和比尔共同创造出第一卷软片。他变得更有信心了，因为信心会源源不断地增加。

他调整了自己的信心机器，不但对胶卷软片的未来充满信心，而且相信他的未来不仅在于胶片的问世，还有更重要的——可以运用胶片的装置。他不再像早年一样。他开始成为自己的主人，勇敢地面对从前的恐惧，然后逐一将之消除。

现在要把他的恐惧消除变得简单多了，因为他没时间再身陷其中。他夜以继日地工作，忙到睡在工厂以便争取更多时间来做好该完成的事情。

最后，他取得了新的成功。他的信念和自信创造了柯达（Kodak），这个词听起来美妙极了。名为布朗宁（Brownie）的小盒子横扫全国。甚至小孩子都会操作这个简单、容易携带的照相机，里面用的是胶卷。伊斯曼著名的广告词——"按下快门，其他的交给我们"——也在街头巷尾流传开来。

我坐在这里度假，手里拿着相机，我知道，只要按下快门，其他的都不必操心。信心，我们真正要按下的是信心的快门。经历过重新建立自信和勇气的过程，没有人能比乔治·伊斯曼把自己销售得更成功。

世界上成功的人比比皆是，他们之所以成功是因为对自己充满信心。他们用信心来克服所有的障碍。想想看：

麦克斯·安德森（Maxie Anderson）和两位同伴搭乘热气球横跨大西洋，之前所有人都认为他们会失败。他们在法国顺利降落时异口同声地说：**我们从来没怀疑过自己是否做得到。**

埃莉诺·罗斯福（Eleanor Roosevelt）用信心来克服她外貌上的不足，她激励了身体残障的总统以及全国人民。

雪莉·麦克雷恩（Shirley MacLaine）证明了自己当作家能和当演员时表现得一样好，因为她对自己有信心。她有一本畅销书的书名显示了这种信心：《你做得到生涯转移》（*You Can Get There from Here*）。关键词是：做得到。

查尔斯·博斯·凯特林（Charles Boss Kettering）自信满满地持续从事引擎自动点火器的发明工作，即使该工业领域的第一人都说那是不可能做到的事。而现在，这个新装置已在凯迪拉克（Cadillac）上运行了。

还有更多的例子，每一位在商界、政界、演艺事业或写作事业中成功地销售自己的人，都是"做得到"的人。

你可以将弱势转变成优势。你可以锻炼你的勇气，从而在任何场合下都能销售你自己。你可以将自我怀疑转化为自信。

詹姆斯·K.范弗利特（James K. Van Fleet）在他的著作《人类

力量的奇迹》（*Miracle People Power*）中说，要把事情当作永远不可
能失败的事情而去努力，去做让你害怕的事。去吧！

现在就行动！

- 要相信你自己。在卡片上写下"我相信我自己"，放在家中、车中、办公室、店里、衣柜里。
- 每天重复念 10 次"我相信我自己"。
- 每天说 10 次"我做得到"。
- 拒绝听你耳边的恐惧声音——把信心的声音调大。
- 从现在开始和有自信的人交往，从他们那儿得到信心。
- 调整你的信心机器。当你加入信心（你右耳的声音）这个催化剂时，你会得到更多的勇气。
- 让自己保持忙碌。疑虑不会与忙碌的人为伍。
- 每天早上醒来后说："我是我自己的主人"，这一天都要实践这句话。
- 不论发生什么事让你更恐惧了，都要勇敢地去做让你害怕的事。
- 表现得像你永远不会失败一样——这样你就不会失败了。

第 4 章

培养积极的心态

是否能成功地将自己销售出去主要取决于你对他人的态度。而你对他人的态度则主要取决于你对自己的态度。

有一次，我结束了一场有关销售的演讲，在休息时一个年轻人（姑且称他为拉里）跑来拍我的肩膀并问我："吉拉德先生，为什么今天早上你明明知道我是个卖滑雪器材和配件的，却说我卖的不是那些？我卖的是一系列精良的运动器材，世界上最好的滑雪板。"他的声音里透着一股骄傲。我对这股年轻的热情报以微笑。

我在演讲中提到了他。当时我要某些听众站起来，自我介绍并简单说明他们的销售经验。有些人会迟疑，有些人则不会。不过我见过这么多听众，很少有人会跳出同一个模式。

每位销售员总是先站起来，然后面对大家，报出姓名及任职的公司，而且不会忘记提到他所销售的产品或服务。

"我卖家具。"

"我卖汽车和卡车。"

"我卖保险。"

"我卖电视机和摄像机。"

拉里，这个站在我面前的年轻人，手上拿着咖啡和饼干，说道："我卖的是滑雪器材、滑雪板、棍子和滑雪衣。"

对每个自顾自地介绍的人，包括拉里，我都一律回答："不，你卖的不是那个!"（当然他们卖的就是他们说的产品，我只是想灌输给他们更宏观的销售概念。）拉里对我的话感到不以为然，不耐烦地等着回答。

"拉里，"我问道，"业绩如何?"

他迟疑了一下："普普通通。"

"普普通通! 嘿，这不是赢家的态度。这种心态很消极。你应该说：'我正在努力冲刺!'"

拉里看起来有些困惑。

"我是说真的，拉里。滑雪板、雪靴（这些都是滑雪的运动用品），它们并非你真正卖的商品。**你真正卖的商品是你自己。**这是你应该培养并随时具备的心态。**这才是正面的态度，这种心态才能让你以正确的眼光去努力工作。**"

"我从来没有从这种角度想过。"他若有所思地说。

大部分新销售员以及部分经验老到的销售员都有一个同样的问题，他们对自己的心态，而非对于他们的产品或服务的态度，需要更积极一点。

对他的工作、他的商品、他自己甚至他的生活，拉里必须换一种不同的心态。当然他可以继续保持现状，只是他将无法体会更成功的自我销售所带来的满足感。

你可能不像拉里那样直接与销售业务有关，但不论你从事什么职业（医生、律师、商人、高级工程师、高级秘书、第一等的妻子或母亲），不论你从事的是谋生还是持家的工作，正面、积极的心态都用得上。你对自己的态度是什么？你是一个具有正面想法的人吗？你很乐观、开朗、自信但不过分骄傲，谦逊但不过分顺从吗？或者你的心态很消极、挫败、被动吗？

暂时把你自己变成消费者，试想这样一种情况：你要买一台新车，你比较了一下，然后选出了一种品牌和款式；你已经做好了选择，而且对于价格也有了清楚的概念。

现在把态度这个因素考量进去。两个销售员提供了两种不同的交易。其中一个只卖车给你，外加一些配件、安全性能和汽车马力，但**完全将自己置身买卖之外**。另一个除了能让你充分享受商品的好处之外，还十分亲切、自信、乐意帮忙，并且细心体贴。**他卖给你的不只是车子。**

你更想从哪一个销售员那里买车呢？我想我们都知道答案。当然是那个不仅拥有产品知识，也很清楚自己，并将自己当作销售的一部分的销售员。

我这位年轻朋友拉里必须稍微修正一下他的心态，其他人也是。只不过拉里直接把问题呈现到了我面前而已。拉里并没有费力地销售他自己，他销售的只有滑雪器材。在那段休息时间里，拉里告诉我，他会试着做做看——真正地去尝试。他会把自己放到每一笔交易中，把自己当作最棒的商品，把自己看作最好的。几个星期以后，我又碰到了他。当我知道他的业绩提升了 40％ 时，我和他一样兴奋。听他说话，你会以为他用一双手就能让全美国的滑雪场缆车动起来。只因他是从卖滑雪板的"普普通通"（负面）的销售变成了"我会是赢家"（正面）的自我销售，**简单的心态改变使一切变得完全不同**。这种转变似乎是令人难以置信的。此后几个月我一直在追踪拉里的表现。他的表现越来越好，因为他懂得自我销售，已经成了运动器材销售界的成功典范。他只是在心态上缺乏临门一脚。

　　想更成功地自我销售，你可能也需要改变自己的心态。就像生命中的每件事物一样，心态也有两种对立的极端：积极和消极，建设性和损坏性，宽广和狭隘，开朗和绝望。在运动比赛中就是毅力和弃权；在音乐中就是上拍和下拍。你要学习的秘诀是培养自己更积极的心态。这会引导你对他人也抱有积极的心态。然后，不论你是为了何种目的向别人销售你自己，都会变得容易多了。培养积极的心态有三个基本法则。

培养积极的心态的三个法则

1. 拓宽你的视野。

2. 转过身来。

3. 运用你的思考能力。

让我们逐个仔细想一想。

1. 拓宽你的视野。 除了矫正视力所戴的眼镜以外，其实我们每个人都以一副无形的心灵眼镜来看世界。如我们所知，有些人是透过玫瑰色的镜片往外看，因此他们所见往往过于乐观而不切实际。我母亲曾告诉我，她们那个年代小女孩最喜欢的一本书叫《波莉安娜》（*Pollyanna*），副标题是《盲目乐观的女孩》（*The Glad Girl*）。这个女孩乐观得无可救药，让周围那些务实的人们大呼受不了。她戴的就是玫瑰色的镜片。

有些人的镜框太紧了，以致他们在日常生活中常常感到头痛——对自己头痛，对周围的每一个人也头痛。

有些人戴的是隐形眼镜，外表上看不出来，但必须每天取下来。对这些人来说，人生在某些时候是模糊不清的。

这就是视野，即我们看待生命的方式，以及我们所戴的眼镜。有些视力糟糕的人会大喊："哎呀，天塌下来了！"有些人则说道："每个东西都是玫瑰色的，好漂亮！"

你看待生活的方式也就是你看待别人的方式。**向别人销售自己、努力寻求成功的首要步骤之一就是拓宽你对人、对地方、对事件的看法。你唯一需要的是一副自己的心灵望远镜。**

向那个研究天空的人学习

我经常在演讲和写作时说起这个故事，用戏剧性的方式来呈现我所要强调的重点。有一位父亲，像我一样是意大利人，在儿子 10 岁生日时送给了他一副望远镜——就是水手用的可以看得更远的那种。我看过一部关于霍雷肖·霍恩布洛尔船长（Captain Horatio Horn-blower）的电影，就是他用的那种望远镜。孩子的父亲所属的时代使用的是简单的小型单筒望远镜。而这副简单的望远镜给这位少年上了极有价值的一课，并且使他永远记在心中。

有一天，男孩一边用望远镜，一边抱怨："爸爸，这个一点用都没有。我的视力比它还好。望远镜里的东西看起来太小了。"父亲笑了。那是一定的，男孩弄错了。他没看到大而清楚的那一边，不论是在看他的玩具、看城市里那座高塔，还是在看整个生活的时候。

于是，父亲拓宽了儿子的视野。这位少年是何其幸运。少年长大之后将粗糙的望远镜进行了改良，然后用它发现了木星的卫星，以及土星的光环，还有月球上的山脉。他成为当时世界上最伟大的天文学家。他的名字叫伽利略（Galileo）。

伽利略从父亲那儿学到的也正是我们每个人要去发现的：**想要以适当的角度来看事物，我们就必须拓宽视野。**当你看待生活、看待别人、看待某些物体、看待事件、看待你的工作、看待你的家庭时，你是看到了全貌，还是只看到了一部分而已？你是否对问题的两面都进行了检视？你的心态是中立的，还是太过主观？你的想法是过于固执的，还是加入了其他色彩？你是随时敞开心灵，还是只站在自己的立场考虑事情？你是否因为焦点模糊而让偏见左右了对某件事或某个人的看法？你是否在失败时仍然保持清醒，看见的是整片森林而不只是一棵树？

视野（outlook）就像它的字面意思一样。我们要朝外看（looking outward）而不要朝里看，拥抱他人，勿以自我为中心。要把世界看得比你还大，就像拉里一样，把你自己也当作商品的一部分。

对别人、家庭、商业伙伴、朋友、创意、产品和服务的正确看法真的会卓有成效，它会创造出一个全新的你——一个谁都想认识、喜欢并与你一起分享生活甚至爱的人。

如何拓宽你的视野

每一次当你发现自己在用狭隘、偏颇的角度去看待别人、事件或任何机构时，就告诉自己："铜板有两面，每个问题、每个想法也有两面。"接着问自己："我是否看到了两面？我是否只看到了望远镜里小的那一面，却很少看到大的那一面？我有没有努力从每个角度去了解、检视每个阴影下的细节？"

然后，想象自己正拿着一副望远镜，就像伽利略的父亲告诉他的那样，看看放大的事物，对准焦距。当景物变大时，你将会很惊讶地发现，你的视野也变宽了。**这种宽广的视野是培养正面心态的要件，只有具备这种宽广的视野才能帮助你向别人销售自己。**

2. 转过身来。如你所知，这里包含了一个动作的角度，不是1度，而是180度，就是要反转原来的消极心态，完全地转过身来。一方面是要积极地思考；另一方面是要摒弃不好的思考习惯。要将多年来的负面观点摒弃，是需要时间及付出努力的。

　　在尚未改变自己的消极心态时，我就是没法成功——不管在金钱方面还是在其他方面。然后，生活中 180 度的大转变改变了我的生命。我破产了，负债累累，由于陷入了财务困境，我对未来感到恐惧并且羞于面对家人。当孩子们抬头看着我时，我就转过脸去，不想让他们看到父亲眼中的泪水。我很痛苦也很愤慨，厌恶自己不停地在现实中挣扎。我沮丧不已。

　　然而有一天，我的妻子告诉我："乔，不要再埋头自怨自艾了。对我来说，世界上没有人比你更重要了。"她强迫我思考，并以自己的方式放了一个"转弯"标志在我面前。我试着从每个全新的角度审视自己，我试着重新把自己当作第一名，而不是一个处于低潮、一无是处的人。在她的激励下，我很快就发现，一点点地改变角度是行不通的。在你人生的罗盘上，必须旋转 180 度才行。角度太大或太小都会让你方向错乱。

　　180 度恰好能完全反转你的消极失败主义。就好像汽车陷入泥地或沙地里，或者轮胎在冰上和雪地里打滑，你必须慢慢地倒退，以便脱离困境，重新前进。人生也是一样，我们必须不时地从歧途中转出来，才能继续向前。我自己就是这么一路从失败走向成功的。

　　如果你很消极，那么现在正是时候（像有首歌的歌词所写的那样）"强调正面，消除负面"。如果正在走下坡路，那就赶快回转，向上爬升；如果你耷拉着肩膀，那就赶快挺胸抬头；如果你心中存有怨妒或憎恨，那就像我母亲常说的，把它们全部"扫地出门"。如果你发现自己快要变成第二名甚至第三名那种人，那就赶快换挡加速，重新变成第一名。

怎么实现 180 度的转弯呢？那其实就是精神上的转变，不过我发现，借由体能的活动来达成精神上的转变是很有帮助的。我曾经把这个技巧教给各行各业想建立积极态度的人们。最近，我同样也将它分享给年轻的汽车销售员。他们都是这一行的新人，没有太多的不良习惯。不过在起步时就建立积极的态度也同样重要。他们试过这个技巧之后发觉十分奏效。我收到了来自他们老板的信，信中充满热忱。一位密歇根州庞帝克的雪佛兰（Chevrolet）汽车厂的副总裁兼总经理说："我的两名销售员不论在任何情况下，都能以积极的心态来面对一切。我们的企业需要更多你这样的培训专家，以便引导我们更加专业化。"

以下就是身体力行的方法：

在我的办公室里，有一个区域叫作"步伐空间"。当我思考或起身伸懒腰时，总是会在这个空间里踱步。我也会在其中做"180 度的转身"。欢迎你参照我的步伐空间的大小及其特性。它大约是一个 3 英尺宽、8 英尺长、东西向的空间。空间的大小或方向都无所谓。在我的西边有一张桌子，桌下摆放了一个垃圾桶。我东边的墙上挂了一个日历，上面有足够的空间记下待办的事项。

当我产生消极想法或发现我的情绪很低落时，我就把它写在一张纸上，走到西边的桌子旁，把那张纸用力地丢进垃圾桶里。然后，除非我倒着走，否则我就必须转身 180 度，走到步伐空间的另一边，即墙上的日历处。接着，我就在日历上写下"摒弃负面思想，我应该采取的积极行动"。在这个过程中，我做了三个动作：把消极丢到垃圾桶里；转身 180 度；在特定日期上写下待办事项以培养积极的心态。那些特定的日期或许是今天，或许是明天、下周，但无论如何我一定给自己一个期限来完成。别小看这个"步伐空间"，它很有效，因为我在转身的同时，是在对自己许下承诺。

如果你看到我丢进垃圾桶的东西可能会感到惊讶：找不到去芝加哥的讲师，讲不出对牙医学会有价值的内容，不知道怎么销售旧金山的录影带，受不了底特律的市长……

但是当我转身之后，日历上写的就截然不同了：登广告，找去芝加哥而不是底特律的讲师；不要跟牙医讲专业知识，而是告知牙医要怎么销售自己；把录影带的版权卖给别人，让他去销售；到市政府去找出逗市长高兴的方法，这样可能就会喜欢他了……

这些都是积极的行动。当然，我是用吉拉德式的速记方式记在日历上。不论你懂不懂速记，都请将身体和心灵的活动结合在一起。转过身来培养正面的心态。

3. 运用你的思考能力。 多少次当你在办公室或其他公共场合，甚至汽车的车票上看到这句话时都忍不住会心一笑，"想想自己苗条的样子，想想夏天，想想雪景？"汤姆·沃森（Tom Watson），IBM 成功典范幕后的天才，将这句话简化成一个充满挑战性的词，贴在电脑和事务机器上，让他的每个员工都看得到。这个词闪闪发光——思考（Think）！当然，前不久有人幽默地把这个词变成诙谐版本，故意拼成 Thimk。即便是这个玩笑词也传递出正面的信息。你会被它吸引，对它蓄意的错误报以微笑并深深体会其中的含义。

这些标语及一些类似的记号是要你运用你的思考能力，以便朝你追求的目标前进。每一个标语都是要你替自己的思考机器上紧发条。思考是极具力量的，而培养正面心态并更加成功地自我销售，其秘诀之一就在于将思考能力发挥到极致。

我不是那种常去剧院或常看莎士比亚（Shakespeare）作品的人，但是我知道莎翁写了一个年轻人——一位急躁的王子哈姆雷特（Hamlet）。在这场戏剧中，莎翁提出了一个极为有力的观点，"事情没有好坏之分，是我们的思想给了它们评价。"你可以满脑子都是沮丧消极的念头，也可以用正面的想法来改变你对自己和别人的态度。

在我出生前几年，有位思想家创造了一个理论，该理论很快就广受欢迎。他的名字叫艾莫尔·高埃（Emile Coué），他写了一本内容不多，但成效非凡的书，书名是《通过有意识的自我暗示实现自我控制》（*Self-Mastery Through Conscious Autosuggestion*）。该书的意义很深远，让我来对它进行吉拉德式的简化。

高埃是一个法国的医生，虽然他的理论是先在他的病人身上试验，但没过多久，成千上万的欧洲人和美国人每天早上醒来，都会先说高埃发明的神奇字眼："每一天我都会在各方面变得更好。"他的意思是说，用想的办法，你就能做到。就这么简单。每天——每 1 440 分钟都是全新的日子，把你想成一个全新的自己。

思考的力量就是这样！当然也有很多人对这一点嗤之以鼻，不过这位法国医生绝对是对的。他不仅说得一点都没错，而且也是后来倡导正面思维人士的先驱者，像诺曼·文森特·皮尔、富尔顿·J. 希恩（Fulton J. Sheen）主教、布鲁斯·巴顿（Bruce Barton）以及埃尔默·惠勒（Elmer Wheeler）这些人都曾接受艾莫尔·高埃的思想。

现在花点时间思考：有什么事情可能会发生？假设你刚加入一个俱乐部，或到了新的教学环境，加入了新的保龄球队。你希望里面的人都能接纳你。不论那是什么样的团体，人们对你的接纳都是自我销售的关键。如果在刚加入时，你认为自己在某些方面和其他人不一样（不懂社交礼仪，或者缺乏坚定的信念、领导能力，或者保龄球的成绩不太理想），那么，你就会投射出这种形象。如果你高唱"我好可怜，什么都不是，没有朋友，没人欣赏我"，那么别人也会这么认为。

但是，假如你认为自己是个很不错的人，别人很愿意认识你，你就自然会体验到那种感觉。如果在你心目中，你觉得自己是个很友善的人，你也自然会这样做。

我要再强调一次，诗词并不是我的专长，不过我听说诗人罗伯特·伯恩斯（Robert Burns）希望自己有一种力量"能知道别人对我们的看法"。我给罗伯特的答案是："那有什么难的。"事实上，**我们如何看待自己，别人就怎么看待我们——所以，要积极地看待自己。**

要如何运用思考能力呢？你必须常常加以锻炼。就像锻炼肌肉的任何一种体能运动一样，意志的训练也可以每天进行。请在每天早晨醒来之后，立刻进行下面的 12 项"每日思考能力运动"。

12 项每日思考能力运动

1. 认为自己很成功；

2. 认为自己很可爱；

3. 认为自己很有吸引力；

4. 认为自己很友善；

5. 认为自己能帮上忙；

6. 认为自己很宽厚；

7. 认为自己很能掌握状况；

8. 认为自己很坚强；

9. 认为自己很有勇气；

10. 认为自己很乐观；

11. 认为自己很有影响力；

12. 认为自己的内心十分平静。

每次先进行一项。别心急。比平常提早 10～12 分钟起床，以便你有充分的时间来进行练习。选择一处你能独处而不受干扰的地方。放松地站着，手可以轻轻地抓着椅背来支撑身体。将每个思想、每个自我形象，都用一分钟的时间渗入你的脑中。从头到尾闭上眼睛。你的表面意识会由潜意识来接管。持续这一运动几个星期之后，这 12 种想法就会进入你的意识深层，随时引导你。

比方说，第 1 项，先想想当天要做的一些事，然后想象自己成功地办好了每件事。在心理上，把失败的想法摒弃。

或者第 3 项，想象自己外表很招人喜欢，很有吸引力（不一定是对异性的吸引力，不过那么想也没什么不好）。但是，要避免虚荣的想法。

第 4 项，把自己看作你想成为的那种温暖、友善的人。在心中想好一个人，除了家人以外。想象自己对他微笑握手，然后在那一天真正去实行。你会不知不觉地就做到了。

如法炮制，将 12 项逐一完成。完成每一项运动后，深深地吸一口气，再慢慢地吐出来。很快，就像心理学家和行为学家所发现的一样，你身上会发生奇妙的改变。那是因为："你变成了你想要成为的样子。"千真万确，这句话成了本身的例证。

你可以一边把这 12 项念出来，一边在头脑中想象它的成效。比方说，成功的第一步就是要认为自己很成功（思考能力运动的第 1 项）。想象自己很瘦，可以加强你节食或控制食欲的决心（思考能力运动的第 3 项及第 7 项）。

立刻下决心，从现在开始，在脑海中描绘出自己成功、有魅力、积极，并且是全世界第一名的景象。然后，在每次向别人销售自己时，善加运用你的思考能力。

向那个打开天空的人学习

在自我销售的过程中，思想决定成败。我所知道的最具戏剧性的例子就是已故的沃纳·冯·布朗（Wernher von Braun）博士的一生。他生前曾主持美国太空计划。我曾经和他同台演讲，我很荣幸能亲眼见到他的智慧和判断力，更因能称他为朋友而感到骄傲。

先来看他的背景：他早年是在德国希特勒（Hitler）政权下的纳粹党（Nazi）人。德国因为使用他的技术改善了火箭，差点就让英国一败涂地。然后，他从断壁残垣的战败国来到了美国。可想而知，因为国籍的关系，他无法摆脱侵略各国的残暴军人形象，甚至有人说他像电影里的怪博士（Dr. Strangelove）。

沃纳·冯·布朗博士才华横溢，不过他知道，如果想实现探索太空的理想，必须先向美国政府、美国人民、企业和工业界销售自己。他实践了思考能力的法则，虽然他并没有真正去进行上述 12 项思考能力运动。

他想象自己在美国赢得了全新的正面形象，他拒绝让脑中存有任何其他的想法，他拒绝把生活看成失败的力量。他身处全然陌生的国度，他是一个外国人，于是他敞开心胸，帮助他所接触的每一个人并表达他的友善。即使太空计划遭到挫折，他也仍然开朗乐观，并且勇敢地实践他的理念。他告诉我，他必须心中先存有这样的想法才能行动。更重要的是，以和平而非战争的心态来思考可以让他的心灵无比平静。

沃纳·冯·布朗博士的思考能力最终带领人类到太空探索星球。因为思考能力，才有了那句名言："个人的一小步，却是人类的一大步。"

相信我，心灵是可以改变的。现在就开始正面地思考吧！要对自己有信心。要相信美好的事情会降临到你身上。把自己当作最好的。过不了多久你就会发现，别人对你这个人及你所做的事，也会有同样积极正面的想法。

　　然后你就会发觉，你已经完成一笔交易了。

现在就行动！

- 拓宽你的视野，检视问题的每一面。
- 不管过去你的偏见有多深，都把它们抛到九霄云外。
- 将你人生的望远镜对好焦距，要从正确的那一端来看。
- 设定"步伐空间"，写下消极的思想，在其中的一边把它丢掉；然后转身，到另一边的日历上写下积极的行动，并定下完成期限。
- 立刻下定决心锻炼你的思考能力。
- 每天早晨起来后以及每天晚上睡觉前，大声地说："每一天我都会在各方面变得更好。"（这不是我发明的理念，也不是高埃医生之后任何人所发明的，不过我经常运用这个技巧，你也能用。高埃医生会很欣慰的。）
- 每天至少对自己说 3 次："我怎么看自己，认为自己会成为怎样的人，别人就会那样看我。"
- 通过做 12 项思考能力运动来运用你的思考能力。每天早晨进行这一运动，放松，闭上眼睛，并在每两项运动之间深呼吸。

第 5 章

锻炼你的热忱

"旋风人!"已故的洛厄尔·托马斯这么叫我。由于没有人比托马斯更具冒险精神,没有人能像我百炼成钢(从广播电台到电影,从演讲到新闻制作与报道),因此他给我的这个评价算得上是不小的赞美。

托马斯其实说的是乔·吉拉德的热忱。**热忱就像旋风一样,具有动力的特质,**也是可以获取的。你可以让自己变得充满热忱;稍加训练,你就能将热忱植入你的人格之中。

锻炼你的热忱!这和你每天的体能运动一样重要。就像你让身体保持良好状况一样,你也可以提高热忱,让它像一台上紧发条的机器一样快速运转。

你有多积极想要销售自己?成功地完成每件事?签下合约?进入那个小组?说服老公去地中海旅游?

你有多想要成功,甚至能闻到成功的气味?你真的想让别人喜欢你、尊敬你并认同你是领袖人物吗?达成这些目标的关键因素只有一个：热忱。

在他的著作《热忱的重大影响》（*Enthusiasm Makes the Difference*）当中，诺曼·文森特·皮尔博士告诫人们不可退缩。他说，不论你的目标是什么，都要全心全意地去追求。简单地说，他倡导（我附议）的是，我们必须活力充沛地投入生命。这是一个多么活泼、令人兴奋、生机盎然的词——活力！就是靠它，罗伯特·肯尼迪才能上场打橄榄球。也是靠它，乔·路易斯才能在拳击场上搏斗。我也是凭借着它，将身体、灵魂和心灵全部投入演讲当中。

"金手套"的故事

有一阵子美国许多小孩都会快速地迈动步伐，迅速地挥动拳头，好像手上戴着一副拳击手套；这股旋风席卷了美国。参加"金手套"（Golden Gloves）拳击锦标赛的历程就好像在《绿野仙踪》里，走在通往仙境的那条黄砖路上一样美妙。没有人会比乔·路易斯对"金手套"更疯狂了。

我和已故的乔·路易斯在同一个地区长大。那个地方被称为黑人区，只是我们自己不知道而已。我以童稚的眼光看着乔，看着他一路从"金手套"打到世界重量级拳王。他胜利时我会为他欢呼，我知道他的盛名是通过一点一滴赢来的。乔当年在"金手套"和后来的比赛里所投入的热忱，甚至是我也比不上的。体育专栏作家说，"棕色炮弹"（Brown Bomber）移动和律动的速度，就像一个着了火的人。没错，那就是乔——炽热地想成就自己，他想成为一号人物。

我也很清楚乔曾经有过的失望、沮丧，曾经遭受的伤害。他常常只能睡在黑人的旅馆里，孤独一个人，被排除在那些白人的领地之外。他常遭受那些用来骂黑人的肮脏字眼的侮辱。不过，乔终究在我们之前就了解，黑人是很美的，而且唯有消除对有色人种的歧视，才能跨出四海一家的第一步。

尽管他的生涯有起有落，尽管人们不断地讥笑他，尽管承受了许多痛苦，但乔从不表现出来。他是最具热忱的人。他总是期待每次的训练，他对比赛的每个回合都很狂热。乔是如何成为一个这么狂热的人的呢？锻炼。他不停地锻炼自己的热忱，就像锻炼身体一样。

你可以从他早年由初赛进入决赛时看出，他是训练有素的。假如你告诉他就快开始比赛了，他会思考一下，然后眼睛发亮，咧嘴而笑，口中发出吼声。你会看到他变得兴奋，准备好迎战，他体内的每个火花都迸发出更亮的火光。他不停地锻炼自己的热忱，因为锻炼已经成为他的生活方式。

他很积极并谨慎地锻炼自己的热忱，就像他在选择练习对象、练习打沙包、跳绳及进行陆上训练的时候一样。他越是锻炼自己的热忱，对事物就越狂热，自然热忱也越高涨。乔身边的所有人都能感受到他的火花。你能想象当乔得知底特律的市民都还深深地记得他，为他在河岸边建了一座体育馆，并以他的名字命名时，他有多兴奋吗？

虽然后来他的健康状况不佳，但是他对人和事物的热忱依然不减。一直到今天，他依旧替人们点亮一盏明灯，那是因为热忱像感冒一样是会传染的。

乔·路易斯当然不是只靠热忱就赢得了世界重量级拳王的称号，但他一定会告诉你，热忱是不能取代训练和经验的。自我销售时，你可能变成世界上最具有热忱的人，可是如果你没有东西可以销售，光靠热忱没有办法带你走多远。单单是热忱，不会帮助乔·路易斯坐上冠军宝座。热忱也不能让球越过一码线。你还需要策略和技巧。

你是在销售全世界第一的产品——你自己。你不会希望这一过程中缺少让这一产品变得更棒的添加剂——热忱。别光说不做，我们来锻炼一下。要怎么做呢？

前面我提过保持身材的三个步骤：（1）42 个仰卧起坐；（2）42 个俯卧撑；（3）踩 42 下空中脚踏车。我也有一套 4 步骤热忱训练计划，可以保证让你成为周围最具热忱的人。让别人喜欢亲近你，让你浑身散发光芒。以下就是该锻炼计划：

锻炼热忱的四个步骤：

1. 要对某件事十分在乎；

2. 把你的兴奋大声地表现出来；

3. 为工作热情充电；

4. 以童心看世界。

现在来分析一下。

1. 要对某件事十分在乎。随时要有某事可以寄托你的热忱，或许是一个目标、一个想法、一项计划、一个人或家庭。在乎某件事是很重要的。别人会立刻感觉到，而且这对销售你自己会有很大的帮助。对某件事情很在乎，其实就是在给培养热忱暖身。

有多少次你曾经问妻子、丈夫或朋友："嘿，我们去散散步或兜兜风如何？"是你起的头，但是并没有计划好目的地。于是你们无言地坐在车里或走在路上，没多久，就看看对方说："我们回家吧。"就是因为心中一片空白，出发以后，没有你们在乎的事——没有目的和目标，甚至单纯看看风景、赏赏枫叶的目的都没有。

但是，也有可能是另一种情况。发生了某些事，然后你立刻察觉到了。在你开车兜风或散步的途中，很幸运地，你的注意力被吸引了——可能是漂亮的夕阳、游行的队伍，也可能是城市的天空，或者是美丽的动物。突然间你发觉你对映入眼帘的事物在乎起来，随之而来的兴奋和热忱便快速滋长。你发觉自己在喃喃自语。但如果你能够事先计划好看夕阳或看游行，你就能提早体验到那股热忱。"准备过程的乐趣，抵得上达到目标后的一半。"这句话隐含了许多道理。虽然漫无目的地散步或开车也会有话题可以谈，但是如果事先计划好，就会有更多可以聊的。到某处去或看某个东西，这种有目的的旅程会让热忱流动到全身。

我记得第一次开车载家人去迪士尼乐园的情形。我们越接近目的地时，情绪变得越热切。我们看到第一个路标"迪士尼 535 英里"时，看看彼此，笑了一下。接着我们看到另一个路标——"迪士尼 350 英里"，我们开始兴奋。之后，另一个路标出现了——"迪士尼

125 英里"，然后，我们到达目的地。我们心中在乎的是迪士尼乐园，正因为我们在乎，所以我们心中的热忱在路上的每一英里都得到了锻炼。

"有什么好在乎的？"这句令人厌烦的老话则是热忱的反面。不幸的是，这种不在乎的态度也是会传染的。**如果你什么都不在乎，那么要不了多久，你的自我销售的对象也会变得颇不在乎。**

去实施你所在乎的目标及计划，会让你的热忱进一步增长。我心中总是有个长期的目标——就像是有座山头要攀登一样。那次到迪士尼的全家旅行是我们共同的目标，因此当我们转过一个弯，看到迪士尼乐园就在眼前时，全家兴奋得没办法在入口处好好地买票。告诉你，从我住的地方没法一天就开到迪士尼乐园，所以我们开了好几天。

以同样的方式，我将我的长期目标分成几个短期目标（可能是明天或下个星期就能达成的目标）来实行。那就像是到达山顶前要攀登的小山头。我发现当我完成每个短期目标之后，我的热忱便提高了一点。每个新的成果都建立在前一个成果的基础之上。

找个时间试试这个：拦住路人、邻居、同事或玩伴，问问他们："你今天要做些什么？"

不管你相不相信，10 个里有 9 个（或许 10 个）会回答："我不知道。"

问问他们："你想达成什么目标？"

"不知道。"

"你的人生方向是什么？"

"不知道。"

如果你不知道自己要做什么，或者要达成什么目标，你如何能充满热忱？你如何能对你自己不关切的事物表现出热忱？当你在乎时，一切就会完全不同。

把目标变得有趣

许多年来，查尔斯·德拉蒙德（Charles Drummond）是密西西比河以东最棒的鞋子销售员之一。如果他没收山的话，现在还会是很棒的销售员——拥有辉煌的销售纪录，因为他是个懂得如何热忱地销售自己的人。

"牛头犬"（Bulldog），德拉蒙德在制鞋业以及早年在打美国职业棒球大联盟东区的棒球赛时被人这样称呼。他的工作不是在鞋店里。他是皇后皮革（Queen Quality）的业务代表，到全美各州开展业务，重点在南部和中西部。他把女鞋卖到各式各样的零售点。如果某个地方没有鞋店，他就会想办法开一家。今天全美国的许多大百货公司的鞋子部门都是从"牛头犬"德拉蒙德那会儿开始创立的。

他也在旅馆的展售间将鞋子卖给买家，但如果有些买家距离太远，没办法赶过来，他就会亲自跑一趟。为了随时保持他销售鞋子的热忱，他给自己定下目标（通常是针对秋冬新款鞋）。他会说："如果我能在 1 个月、2 个月、3 个月之内，把新款鞋销售给 80 家以上的商店，我就要和太太一起到好莱坞度假。""牛头犬"和大多数人一样，他发现，到加州好莱坞的星光大道去看明星的脚印，远比每天奔波、夜宿旅馆要有趣得多。

因此，他替自己设定了一个有趣的目标。他在日历上 3 个月后的那个位置写上加州。然后，奇妙的事情发生了。当他更卖力地销售，以便赚一趟加州之旅所需费用时，他发现，他的热忱无形中从好莱坞之行转移到了手边的工作上。突然间，卖鞋子也变得有趣了。时间一周周地过去，他越来越兴奋。他比以往更为热切。他期待每一天的到来，也期待每一英里的商务行程。坦白地说，当他终于能和妻子到加州度假时，反而没有那 3 个月的过程来得情绪高昂了。

设定目标，让你自己在乎某件事，最好让它变得更有趣。查尔斯·德拉蒙德就是这样使自己变得兴奋的。另外还有一个小技巧：如果你未能达到今天或这个星期设定的进度，不要停留在原地。把目光和心情放在终极目标上，你就能够圆满地达成这一终极目标。先前所耕耘的一切都会得到偿还，这就是热忱的作用所在。

想想农夫，今天耕种，明天才能收获。他们付出的代价无法立即获得补偿，而必须等到秋天收获了谷物。那是他们所热切盼望的。农夫们只是日复一日地埋头苦干、翻土、栽种并想象丰收的情景。当他们看着稻谷一天天地发芽、成长时，心中的热忱也与日俱增。

2. 把你的兴奋大声地表现出来。我每天起床冲澡时就开始锻炼我的热忱。淋浴、清水、肥皂，都让我想要高声歌唱。我妻子有点讨厌我这个德性，斥责了我许多年。每天早上，她的评语经常都是："你以为你是谁，我们的音乐家老乡安利哥·卡鲁索（Enrico Caruso）吗?"

我就是忍不住。早晨醒来，当我告诉自己"要快乐哟"时，我就真的变得很快乐。因为上天给了我一个很棒的礼物，全新的 1 440 分钟，全新的 24 小时，全新的一天——今天。就像有人曾经说过的，今天是我余生的第一天。今天才是最重要的，我要让今天过得比昨天更好。毕竟昨天已经过去了——无法重新来过，而明天要等到黑夜过去，新的黎明之后才开始。

这就是我高声歌唱的原因。我大声地向这 1 440 分钟表示我的热忱。你也可以照着做，别怕控制不了自己。

半个星期预约的故事

让我告诉你一位热忱先生的故事。他以兴奋大喊的方式来销售自己，让每个人都活跃了起来——更重要的是，他使得俄亥俄州一家很大的家电制造商活力满满。这个人通过销售自己获得了一个令许多人称羡的职位，他在该公司负责制订培训计划以及主持产品发布会。

我卖的车是由该家电公司的关联企业所制造的。我有位朋友正好参加了该公司汽车及家电部门的整合会议及产品发布会，于是我便从朋友那儿听说了这个干劲十足的人。他的名声在整个企业里广为传播，到我认识他的时候，他的人生已经被当成传奇来谈论。他以前是某个巡回演出团的成员（这个巡回演出团的名称应该叫 Chautauqua），该团体结合了说书人、喜剧演员、音乐家以及从事各类娱乐工作的人，深入全国各地巡回演出。而我所说的这个人，专长是在音乐方面。

有一次他在这个家电公司的全球总部所在地（俄亥俄州某个城镇）做"半周表演"。半周的意思是，他们会在该地待足一个星期，但仅有一半的时间安排演出。演出的地点恰好离他一位朋友的住处很近，于是我这位音乐家朋友就去探望他住在城里的老友。

"为何不到我的公司来做事？"朋友劝他，"工作稳定，收入高，周围的人又很优秀，而且你一定会喜欢这边的环境。"

"可是我喜欢我现在的工作，音乐就是我的工作。"

"你可以用玩音乐的天分和旺盛的热忱来卖我们的冰箱和炉子。"

他想了一会儿，便下了个决心："这个约定听起来不错。"

他到该公司时，刚好有一场业务会议正在举行。气氛真是低落到了极点，活像是一群人在守夜。于是他看到了机会，就像朋友先前对他说的，公司需要他的热忱，而他知道自己能够办到。

他开始争取一个当时并不存在的职位——处于这个职位的人，必须在员工培训中注入生命力，让会议开得更有朝气，并增加产品发布会的趣味。他对自己的想法如此热衷，以至于忍不住在面试他的高层主管面前唱起歌来，那些高层主管都傻眼了。他的歌声实在不怎么样，不过这些主管笑了，并且同意录用他。

结果很不错。业务员们在培训会议中变得朝气蓬勃，经销商在产品发布会上大声喝彩。他还组织了一个男声的员工合唱团，从小品歌剧中选出一些振奋人心的进行曲，在每一场业务会议上演唱。这些业务员变得跟海德堡军校和加拿大西北警校的学生一样精神抖擞。他主持的业务会议以及产品发布会都变成了商品被广为讨论。业务员和经销商们攫取了他的热忱，并将其散播到整个业界。**如果说有人能在完全不同的领域中成功销售自己，那么应该首推这位大声表现热忱的"音乐家"。**

试试看，在上班的途中告诉自己，能够出门去做你要做的事，去你正要去的地方，你有多么快乐。感受这个时刻。告诉自己，你等不及要到达成功的彼岸。在你奋勇向前时，去接近其他同样冲劲十足的人。当你环顾四周时，要睁大眼睛看着他们，注意成功的人及第一名的人，借用他们的特质。

其实最好的方法不是"借用"，而是"彼此交换"。你对别人微笑，得到的应该也是微笑；假如你热切地和某人谈话，应该也能激起火花。你很明白它会奏效。不知道你是否注意过，如果你叹了一口气，没多久别人也会叹气。但若是你微笑、哼唱，别人也会这么做。当你大声把热忱表现出来的时候，它会像强大电流通过电线一样噼里啪啦地响。

3. 为工作热情充电。我来说一说有关埃德·史塔（Ed Start）的事情。每一天的开始他都充满了热忱，我常叫他"龙头史塔"（Head Start）。埃德·史塔负责销售汽车和卡车，他的办公室就在我隔壁。少了他，我可能不知道该怎么办。我常常说我不是在卖车，我销售的是我自己。对于埃德·史塔，你可以说他卖的不是汽车或卡车，而是他的热忱。他就像是一节充满电的电池，每天都以无比大的干劲来销售自己。他随时保持饱满的热忱，似乎一不小心他的热忱就会溢出来。他总是情绪高昂，几乎对每件事都会感到兴奋。跟他在一起十分有趣。他现在还是一点都没变。

每当我发觉自己垂头丧气（人都会有这样的时候）时，我就到埃德的办公室去充电，就好比你车子的电瓶没电了，会跟朋友或路上的骑手拿线充一下电。每当我感觉自己的热忱下降了，我就会想跟埃德借点力。他会说："乔，昨天我看到你把旅行车卖给那一家人，你真行！"或者"乔，你真是天才，把那个难缠的客户弄得服服帖帖的！"埃德的方式比较夸张，不过当你心情低落时，听起来会很舒服。他可以振奋人的情绪，即便只是一句赞美或拍拍肩膀，埃德也能把人从低谷里拉上来，回到正轨。没过多久我就恢复了，埃德在短时间内重新点燃了我的热忱。

有一天埃德让我很惊讶，我从没想到他也有需要充电的时候。我从埃德那儿学到，**情绪上的充电是一种施与受。我越是帮助别人锻炼热忱，我自己的热忱也得到越多的锻炼**。其实就像我说的：一点点火花就能激发出更多的火花。

找一个能让你充电的对象。他必须像你一样，是个天生的赢家，是第一名，在你需要时能够给你力量。还有，把自己变成别人的充电器也同等重要。

4. 以童心看世界。不管你的年纪有多大，都要用充满好奇的童心来看待整个世界。要随时保持热切期待的心态。

小时候我家很穷。我们必须常常接受救济。附近所有的家庭都差不多，所以我的老师常常会来探视，确定我们的状况，以便写报告给提供赈济的亲睦会（Goodfellows）。这个组织由老报童组成，他们在圣诞节时贩售一些增版的报纸，筹得的款项用来采购礼物，送给穷人家的小孩，好让他们也能过节。

圣诞节快到的时候，亲睦会的人会挨家挨户拜访。快轮到我们这条街时，我几乎等不及想要拿到那个圣诞礼盒。尽管每次都是同样的礼物，我早知道里面放的是什么（一条背后有块布的吊带裤、一小盒山德斯糖果店的糖果、一张可以换双鞋子的礼券，如果是男生，还会有一个游戏盘，如果是女生，则还会有一个洋娃娃），可是那完全不会减弱我的热忱。

于是我家有了 4 个圣诞礼盒（我有一个哥哥、两个妹妹），我母亲把礼盒包好，放在一棵很小的圣诞树下，那棵圣诞树还是她想尽办法弄到的。圣诞节那天早上，我和哥哥、妹妹在拆礼物时总是迫不及待，兴奋地睁大眼睛。不过，小孩子都是这样的。孩子们总是抱持着渴望、好奇的态度，觉得这个世界充满了惊奇和未知。每一天对他们来说都是探险——上学的第一天，上学的最后一天，老师生病的时候，生日，假期。孩子们全心投入每一天。这种态度很值得成年人学习。大人们必须保持孩童般的热忱，学着去投入每一天。

现在你可以按这 4 个步骤培养热忱，成为一个随时保持兴奋的人，帮助你成功地销售自己：**（1）要对某件事十分在乎；（2）把你的兴奋大声地表现出来；（3）为工作热情充电；（4）以童心看世界。**

我想你也知道，如果不经常训练，肌肉就会变得松弛。热忱也是一样。热忱若是缺乏锻炼也会松弛。所以，我每天早、晚做"42－42－

42"的体能运动，我也会每天做热忱运动——而且持续一整天。历史上每位成功人士都一样。

哥伦布的热忱：发现新大陆

你知道其实是热忱发现了美国吗？欧洲世界对贸易的热忱、对香料的热忱、对丰饶物产的热忱，甚至想占据市场一席之地的热忱。这些热忱都没有什么不好。

克里斯托弗·哥伦布（Christopher Columbus）有个疯狂的想法，他认为地球是圆的，而非平面的。如果真是这样，要到东方的印度，往西航行会大大缩短路程，不必向东绕到非洲南边去了。

问题是，从来没有人到东方是往西航行的，所以当时根本没人理会他的论调。过去和现在一样，人们对未知的事物往往不是十分热衷。不过，探险家就不一样了。哥伦布的血液里有着冒险的因子，而且他是天生的好水手。他很关心周围的事物。虽然经历了许多挫折，但哥伦布一直坚持自己的梦想。不幸的是，意大利并没有支持他，所以他来到西班牙。西班牙是当时的海上霸权国，伊莎贝拉皇后号以及斐迪南国王号都是曾经远征的巨型海上堡垒。

哥伦布知道有人可以帮助他，但首先他必须销售自己。他先呈递完整的计划，给皇室留下了深刻的印象。更重要的是，他加入了热忱这个催化剂。身为一名探险家，他向西班牙皇室描绘了一幅非凡和富庶的蓝图。他热切地侃侃而谈，他是以惊讶和好奇的眼光来看世界的。他手舞足蹈，说话声音铿锵有力。他在国王、王后、宫廷的面前大声地表现出他的热忱。于是他激出了火花。哥伦布借自我销售得到了他想要的——三艘船以及足够的船员。西班牙的命运因而彻底改变了。哥伦布以西班牙之名发现了新大陆。

是热忱发现了美洲，你应该觉得很高兴了吧！想一想，当你在人生旅途中扬帆远航时，热忱能替你发掘些什么。

现在就行动！

- 对自己感到兴奋。这是应该的——因为你是全世界第一名的产品。
- 将热忱和活力全心投入人生，并坚持下去。
- 开始实行 4 步骤热忱训练计划：
  - （1）要对某件事十分在乎，给自己一个热忱的动机；
  - （2）把你的兴奋大声地表现出来；
  - （3）为工作热情充电；
  - （4）以童心看世界。
- 和成功者、天生的赢家及充满热忱的人在一起。
- 每天早晨醒来先说 3 次："我要让今天过得比昨天更好。"

第6章

学习倾听

上天赐给我们每个人两只耳朵和一张嘴巴，或许他是在暗示些什么。但是，我们中有很多人并不倾听。

我办公室里有个横框的标语，用来提醒我随时准备倾听。上面写着："我知道你相信自己知道你了解我所说的，不过，我不确定你知道你听到的是否就是我要表达的。"

什么，再说一次？你可能看不太懂。在本章里我们好好地整理一下上面那些话，并谈谈倾听的艺术。**想成功地销售自己，一定要懂得倾听。**

学习倾听是给所有刚起步的年轻销售员最好的忠告。对于那些经验丰富的销售员来说，这也是一个很好的建议。更重要的是，它对我们所有人，无时无刻不在以各种方式销售自己的人，也非常有用。让我们来列个名单，看有哪些人如果想成功的话，除了具备某些特质之外，还必须是个好听众。

| 销售员 | 家长 | 牙医 | 咨询顾问 | 老师 | 律师 |
| 心理医生 | 外科医生 | 飞行员 | 神职人员 | 护士 | 政客 |

这里只列举了一部分人。稍微想一想，你可能 5 分钟之内就得出 20 种以上。为什么他们必须是好听众？你可能也会在名单中，为什么你也得学会倾听？

先想想销售员。当你在销售商品或服务时，你必须记得你真正销售的是你自己。你就是最棒的商品。我得到世界第一销售员的头衔是靠辛勤的努力，以及对我的产品的了解。辛勤的努力必须长时间投入工作中；对我的产品的了解其实是指了解我自己——而不是汽车。我一直不停地深入了解自己：我是谁？我是什么样的人？

在了解自己的过程中，我有很重大的发现。**我发现，假如我花在倾听上的时间比说话更多，我对自己的了解程度就更深。**

别人会告诉我；客人会告诉我；同事会告诉我。我从一个客户那儿得知，原来我像个听人告解的神父。我知道，如果我耐心听他把过去一周的困扰都说出来，我就已经在销售方面上道了。如果我没能留意到这一点的话，就可能会失去这笔生意。事实上我就错失过一次。事情是这样的：

"我的医生儿子"

失去这笔生意让我感到很难过。一位很有名的承包商来找我买车。他是典型的白手起家的人，受过的正规教育并不多，完全是靠坚持自己的目标、辛勤努力而取得成功的。我介绍了一款顶级车型给他，外加许多豪华的配备，还带他去试了车。然后我把笔和空白合约书交给他——结果却被我搞砸了。

每天下班后，我都会将这一整天所成就的事回想一遍。可是那天晚上，脑子里却只想着这笔失败的生意。我花了整个晚上的时间在想，究竟是哪里错了。最后，我终于忍不住打了个电话给他。

我说："今天我试着要卖车给你，我觉得自己已经成功了，可是你却走了出去。"

"没错。"他说。

"是怎么回事？"我问道。

"你开玩笑，"我可以想象电话那头他看着表，"现在是晚上11点。"

"我知道，很抱歉。不过我实在很想做得比今天下午更好。你能告诉我，我哪里做错了吗？"

"你是当真的？"

"当真。"

"好，你现在正仔细听吗？"

"是的，洗耳恭听。"

"可是你今天下午并没有。"然后他告诉我，当时他已经决定要向我买车，却在签名的那一刻有了一丝犹豫。为了缓和自己的情绪（毕竟他要投下10万美元），他开始跟我聊起他儿子吉米（Jimmy）今年正要到密歇根念医学院。他对这个儿子感到很骄傲，叙述着他的所有表现、学业成绩、老师眼中的好学生、运动全能，还有对未来的野心。说实话，那天晚上他在电话里告诉我的时候，我一点也记不起来白天他曾经说过这些。原来下午我根本没听进去。

他说我对于这些似乎并不在乎，一点兴趣也没有；一旦谈妥生意，我的思绪就不知道飘到哪里去了。他说，我好像在注意办公室外面同事讲的笑话。

这就是他对我失去兴趣的原因——我只是把他当作拿了支票簿的人而已。我认为已经满足他买车的需要，所以就不再听他说话了，却不知道他还有除了交通工具之外的需求——他需要人家赞美他的儿子，这个令他骄傲及快乐的儿子。我怎么能这样呢？

这就是他不向我买车的原因。听起来有点奇怪，他进到店里来的目的就是要买一辆新车，而我提供的商品——一部好车——正符合他的需要，他却还是不买。这与我听不听他儿子的事有什么关系？

其实一点也不奇怪。我常常宣称我销售的是我自己，那么他买车时，除了实体的车以外，理所当然购买的是我。坦白地说，那天下午我不够格成为一件吸引人的商品。

这一次在电话里，我全神贯注地听着。他讲完时，我说："谢谢你帮了我。你教会了我很多，我很抱歉今天下午没仔细听。"我告诉他，我很荣幸能听他告诉我，他的儿子这么棒，而且有他这样的父亲，儿子必定也会成功。我说："也许下次你愿意再给我一个机会，向我买车。"

我从这通近午夜时分的电话中学到了什么？两件事：（1）我学到

了仔细倾听的重要性，如果在这方面失败，那么我将失去一笔生意；
(2) 如果能吸取这个教训，那么下次他再上门，我就能抓住这笔生意。

他的确又回来了，也向我买了车，不过他给我上了一课，我永远
都记在心里。

销售员们，仔细听好了！还有很多生意是因为没有注意倾听而失
掉的。每个销售员或多或少都知道，话说得太多，可能 5 分钟之内客
人就不愿意购买商品了。许多消费者都是通过广告或其他方式被初步
地推销了。他们走到你面前的真正原因，是想更加确定自己的决定是
正确的。**记住，部分人买的不是东西本身，而是这些东西能带给他们
的尊荣感、权力感、舒适感、安全感、实惠感和尊重感。**如果你没能
洗耳恭听的话，怎么可能知道这些？有一半的时间，人们想着告诉
你，他们要些什么；而缺乏经验的销售员会不停地告诉客人，他认为
他们要的应该是什么。

世界上最困难的事情之一，就是把嘴闭住。我说得一点都不夸
张。**多数人之所以自我销售失败，只是因为他们太忙着说话了。**

我们继续看那份需要学会倾听的人的名单。谈谈心理医生。我曾
经卖了一部车给一个心理医生，他对自己这一行被称作"Shrink"（指
心理医生压榨病人的脑子）并不以为然。在我向他展示车子的过程当
中，他说他很羡慕我，因为我有实质的商品可以销售——汽车或卡
车，而他却没有可以提供的。我听出了他的弦外之音，他只是在比较
有把手的椅子和沙发的不同而已。我对他说，他是更直接地销售自
己，他有一双倾听的耳朵，而且更重要的是，他有倾听的本事。他并

不告诉别人该怎么做，而是当个好听众，让别人从诉说中豁然开朗。心理医生就像一块共鸣板。

再谈谈神职人员。回忆一下比尔神父，他是底特律东边我那个教区的神父，也是当地最成功的神父——如果你像我一样，是以受尊崇和爱戴的程度来定义一个人的成功的话。教区里所有的人都希望比尔神父能听他们告解。倾听，不打断别人是对的。比尔神父的秘诀不在于告诉人们该如何去赎罪，反而是仔细倾听，然后柔声地反问，你认为自己该怎么做？比尔神父也是一个很好的共鸣板。

家长呢？有多少父亲真正听子女说话？我父亲从来不会，这个记忆还留在我脑海中。我母亲会，而且我永远不会忘记这一点。有多少孩子是因为父母对他们的需要充耳不闻而走上歧途？**若孩子有一对愿意倾听的父母，那他/她就是世界上最幸运的孩子。身为家长，也必须听出孩子的弦外之音。**儿子可能会说："我才不管你规定今晚我几点得回到家。"其实他是在告诉你："让我知道我的限度——给我一个限制。"如果你没有听出他话中的含义，到后来孩子可能就变成："哼，我老爸根本不理。"

老师必须懂得倾听；咨询顾问必须懂得倾听；外科医生必须倾听才能做出正确的诊断；护士也必须倾听医院里忧虑、恐惧、孤独的声音；律师必须倾听，以便让当事人在法庭上有胜诉的机会；政客必须倾听人民的声音，从中学习，而不是在演讲台上大放厥词。还有，如果塔台指示高度指数为零，必须开始降落，但飞行员却充耳不闻，会发生什么？他可能就会换一对翅膀了。

倾听是一门精致的艺术

我有位朋友曾经站在第 5 街和第 49 街交叉口等了他妻子 2 个小时，只因为他没仔细听她说的是麦迪逊街和第 49 街交叉口。我曾经因为没听到航空公司的登机广播，而错过了到达得梅因市的班机。

我们往往以为，人的头上长着两只耳朵，所以懂得如何倾听。其实不然。有着两只耳朵的我们，常常忙着思索接下来要说什么，以至于听不到别人在说什么。

这就是问题所在。每个人，例如爵士乐团、晚餐后讲话的人、被误解的丈夫、和同事聚会时说笑话的人，都喜欢好听众。做一个好听众就是，你无须考虑接下来要说什么，只需忠诚地听别人说的。此外，你还必须学会一个道理，就像一句古谚语所说的，倾听是学习的一大部分。

调查显示，一般人只听进别人说话内容的 50%。那么，一个想要成功地销售自己的人，要如何才能听进另外的 50%呢?

你可能会很惊讶，对于这一点，有许许多多的人都发表过意见。甚至《圣经》里也说:"**听时敏锐，说时审慎。**"换句话说，放轻松点，让别人也有机会挥棒。古往今来最正确的真理之一，就是舌头忙碌的时候，耳朵很难听得进去。所以，试着闭上嘴巴，让舌头休息一下，由耳朵来接班。**努力克制自己不要说话，给别人一个发挥的舞台。**

古老的补偿法则很快就会应验。别人会意识到自己已经说了好久，他会停下来，把空间还给你。**而当他邀请你发言时，你就已经销售了你自己。**

另外，就像你常听到的，行动胜于言语。好的倾听必须包含积极的参与。是的，参与。或许你闭上了嘴巴，但并不表示你是钻到洞里去。你能做些什么？别人微笑时，你也报以微笑；别人皱眉时，你也跟着皱眉。用脸部的表情来表示你正在倾听。相信我，别人绝对感受得到。

约翰·洛瓦斯科（稍后会再提到他）这位保险销售员，在销售自己这方面做得极为成功。他曾经告诉我闭上嘴巴的秘诀。"说得越少，越容易改善。"对他而言，这意味着不去打断别人。如果真的必须打断，次数越少越好。打断会引起不耐烦。**许多成功人士发现，如果能够一直耐心地倾听，别人对他们的负面感受就会自然而然地消失。**

20 世纪最伟大的政治家温斯顿·丘吉尔（Winston Churchill）曾说："沉默是金，雄辩是银。"沟通时，沉默确实有着很重要的价值。沉默有抚平的作用，沉默可以表达你的体会。沉默不仅可以听到别人说些什么，而且可以听出弦外之音。

我知道这个建议起初听起来可能有些奇怪，不过如果你希望别人听你说，就先保持沉默。这是我所知的销售自己的最佳方式之一。我深深了解，因为它帮助我成为全球第一的销售员。而我能办到的，你也能。

"公园长椅上的倾听者"的故事

伯纳德·巴鲁克（Bernard Baruch）是历史上最棒的倾听者之一。

当然，他的成就还不只是这样。他是美国最棒的资本家之一，同时也是真正的政治家。因在证券公司销售股票、债券和他自己而致富之后，他开始从事公职。他的生活很令人称羡。他曾担任过 3 位总统的顾问。在伍德罗·威尔逊（Woodrow Wilson）手下，他是战争工业部的主席，并于第一次世界大战结束时，筹备在巴黎举行的和平会谈。在富兰克林·罗斯福（Franklin Roosevelt）手下，他担任咨询顾问。他向总统建议如何从战争中获得利益，以确保和平的机会。而在哈里·杜鲁门（Harry Truman）手下，他负责限制原子能源的巴鲁克计划（Baruch Plan）。

不过他最大的名声在于，他是一个好的倾听者。晚年时，他把办公室变成了公园里一条友善的长椅，喂喂鸽子，并提供宽阔的肩膀给每个想停下来倾诉的人。他提供一对愿意倾听的耳朵。的确有许多人停下来，城市里的普通人、市井小民、权贵人物、市长、州长、参议员、总统都来到这条"公园里的长椅"寻求帮助，若不是亲自造访，就是请巴鲁克到华盛顿去。而市井小民和权贵人士并非到巴鲁克这儿来寻求建议，他们只是把他当作一个可以倾诉的对象，一个能够尽诉心中感情的人。

伯纳德·巴鲁克将自己销售给生意人和将军、国王和平民百姓、内阁成员和总统。因为他学会了倾听。

你要怎么学习倾听呢？准备好接受下面 **12 个法则**。

学习倾听的 12 个法则

1. 让嘴巴闭起来。以保持耳朵的清静。

2. 用你所有的感官来倾听。先从耳朵开始。别只听进去 50%，要了解完整的内容。

3. 用你的眼睛倾听。保持目光的接触，这样能显示你听进去了每一个字。我们都听过"左耳进，右耳出"的说法，可从没有人说"左眼进，右眼出"。

4. 用你的身体来倾听。运用肢体语言来全盘感受。坐正，不要弯腰驼背。表示更专注时，可倾身向前。脸上保持全神贯注的神情。

5. 当一面镜子。别人微笑的时候，你也微笑；他皱眉时，你也皱眉；他点头时，你也点头。

6. 不要打岔。打岔会中断说话者的思考连贯性，会引起别人的烦躁。

7. 避免外界的干扰。如果你是在办公室里，必要时请秘书暂时不要把电话接进来，或者到干扰较少的场所去。

8. 避免分心。把收音机、电视或音乐关掉。没有什么背景声音比你正在倾听的那个人更重要。

9. 避免视觉上的分神。别让办公室、商店或工作地点内外的景象干扰你的眼睛。

10. 集中精神。随时注意别人。这不是你看表、抠指甲、伸懒腰或点烟的时候。不要抽烟，手上拿根烟会影响你的专注。

11. **倾听弦外之音。**要听出"小字"的部分。没有说出来的部分常常比说出来的重要得多。语调、手势、暗示、尴尬的咳嗽——这些都会透露说话者想表达什么，只是没用言语表达出来。

12. **别做个 ATANA。**ATANA 就是我所谓"光说不练"（All Talk and No Action）的人。把仔细倾听也当成你的行动之一。我看过光说不练的人。他们总是在饮水机、咖啡机旁徘徊。他们爱嚼舌根，说笑话。我称他们是毒药，是害群之马。

以上就是学习当个好听众的 12 条金科玉律。照着做，你就能赢得更多销售自己的机会。

想一想，如果没能仔细倾听，你会失去什么。有人曾经问过这个问题：如果将失去 5 种感觉能力（视觉、听觉、说话的能力、触觉和嗅觉）中的一种，你会选择哪一种？多数人会立刻选听觉。他们的理由是宁可充耳不闻。不过研究显示并非如此。眼盲和耳聋比起来，人们比较容易适应前者。盲人似乎学会了"看"的另一种方式。事实上，盲人的听觉会更敏锐。他们凭"心眼"所看到的东西远超过我们所想象的。然而失去了听觉，就会生活在一个全然寂静的世界里——把世界所有的声音都关掉了。听不到的负面影响远比看不见严重多了。

不久前我去欣赏一场戏剧表演，那是一场音乐剧，主角是个具有美妙男中音的年轻人。他一首接一首地唱着，让观众享受不已。有人指着他坐在前排的双亲，说他们沉醉在儿子获得的掌声中。

后来我和我的友人——那场表演的导演——聊天。我刚好提到主角的父母亲也在场。我说他们必定对儿子的声音感到骄傲。那位导演告诉我："他的双亲一直都是聋人。他们从来没听过儿子的天籁之声，以后也没机会听到。"他接着说，"我第一次知道这件事的时候，一路从彩排会场哭着回家。"

仔细地想想吧！听得见，你不觉得很庆幸吗？

现在就行动！

- 把 12 个倾听法则加入你每天的训练表里面。每天都要训练。
- 小心不要让你的夸夸其谈把本能谈成的生意弄丢了。
- 记住，别人对你说的不会感兴趣，除非他说完了他要说的。
- 在 3 厘米×5 厘米的卡片上写下这句话，放在每天都看得到的地方："什么都不说往往比说了一大堆要好。"

第 7 章

会说另一种语言

常常听到从国外旅游回来的人说，他们在机场、火车站、旅馆、餐厅、服务台、边境海关遇到了一些困扰，原因是他们不懂当地的语言。

如果你在马德里迷了路，那么要找到正确的方向，可能会很难。假如你只会说德语的"是"和"不是"，那么即便是买公交车票这种平常的事，到了慕尼黑可能也会很伤脑筋。有些美国人甚至听不懂（有个笑话就是这样）伦敦的计程车司机口中说出来的英语。

我们不懂某个人的语言，或是那个人不了解我们的语言，这时候就会产生沟通的中断。误解、混淆，甚至敌意，都可能因而产生。

然而，懂得其他人的语言，对个人或团体都会有很奇妙的效应。罗马天主教会的红衣主教们打破几个世纪以来的传统，选出了首任非意大利人的教皇。当示意的烟号从梵蒂冈升起时，震惊的世人发觉教会选择了让约翰·保罗二世（John Paul Ⅱ）登基成为教皇，对无数的意大利人来说，这实在令人难以置信。没有了教皇，意大利的信众可能会分崩离析。不过，当新任教皇第一次出现在圣彼得广场的群众面前时，这位波兰裔的教皇用意大利语说了第一句话。那一瞬间，他赢得了百万人的心。他本能地了解到，想要将自己销售给这群忠贞但有点棘手的信众，销售给全球各地同步听到他声音的世人，他必须说"另一种语言"，他们的语言，而不是他自己的语言。这个小小真理带给他的尊崇和爱戴是无法衡量的。

用母语做双语表达

不过，说别人的语言，不只是一般人所认为的流利说外语（法语、西班牙语、意大利语或俄语）的能力。

我说的"别人的语言"，其实是意思和我们相同但表述不同的话。**它和你的口音（或许不是英语口音）无关，重点在于你使用语言的方式和时机，这往往决定了沟通的成败。**

对许多人来说，沟通失败的最大原因是他们没能顺利地销售自己。并非我们不知道如何遣词造句，或缺乏正确的词典，而是因为我们不懂得在适当的时机说出适当的字眼。

在适当的时机说出适当的字眼

很多跟我同一年代的读者可能还记得巴克·罗杰斯（Buck Rodgers）这个 21 世纪的太空冒险家。早在 UFO（不明飞行物）的说法出现、人类登上太空、《星球大战》（*Star Wars*）风靡街头巷尾之前，就已经有了这号人物。年轻一点的读者应该也听说过巴克·罗杰斯。巴克是当年周末影集里的英雄角色，他勇敢而大胆，对于高科技的未来世界了如指掌。

不过他并不是我要说的巴克。

我要讲述的是另外一个人，一个活生生的例子，在他的专业领域里，他就像影集里的巴克（生活在先进、复杂、高科技的太空世界，是真实生活里的巴克无法想象的）一样大胆、无畏、敢于冒险。

我说的是弗朗西斯·"巴克"·罗杰斯（Francis "Buck" Rodgers），IBM 公司的营销副总裁。有人认为 IBM 是人类史上最重要的企业之一。巴克的生涯证明了商业世界里也是有回馈的，他花了许多时间四处演讲，告诉大家（特别是年轻人）在私人企业里所能获得的满足感。

他一年到头都在销售自己。身为一个演讲者，他知道在适当的时机说出适当的字眼的重要性。广义地说，他也算是销售员，他学到了说别人的语言的秘诀。巴克的世界充满着高度复杂的线路和资料处理方面的知识等，甚至还包括许多我完全不了解的东西。这个世界的高度复杂的语言是他熟知并常用的。不过他知道，他所使用的语言并不为大部分需要 IBM 产品的人所了解。

但是，假如他不懂得说别人的语言，不懂得自我销售的其他技巧，那么他的成就能达到什么地步？

想想看，如果巴克或他手下的任何一位销售员说出下面的话，其受众会感到多么困惑："我想向您推销一套具有互相连接的端子的电晶体电子系统，能负荷超过 1 万个输入元的程式，从存货管理到开列发票；并且拥有记忆库存取设备、立即读取功能，其界面能与所有周边设备相连。这一整套的电脑设备必须在低湿度及无静电的环境中操作。"

听起来令人印象深刻，不过我完全不懂，也不会装懂。那不是我的语言，也不是大部分生意人的语言。更重要的是，这也不是使弗朗西斯·"巴克"·罗杰斯成为伟大销售员的销售语言。

以下才是巴克对产品的销售词，摘自罗伯特·舒克的著作《十个最伟大的销售员：他们如何说销售》（*Ten Greatest Salespersons：What They Say About Selling*）："很多人对电脑这个 IBM 最广为人知的产品有一种神秘感。那是一种谬误。我们只不过是提供一种帮助客户解决问题的方法而已。"

巴克强调，与其说他卖的是电脑，不如说他卖的是电脑功能，即电脑能替人们做的事。每个成功的销售员都了解这一点。**你卖的不是事物本身，而是事物带来的利益或价值。**埃尔默·惠勒（Elmer Wheeler）因创立了"嗞嗞俱乐部"（sizzlemanship）的销售方式而成名，他指出，他销售的是煎牛排时的嗞嗞声，而不是牛排本身，因为是嗞嗞声让人流口水。而好的销售员应该懂得利用令人垂涎的词语。

巴克·罗杰斯就是这样使用别人的语言的。罗杰斯说："我有一样产品**能让您工作更省劲，降低您的成本**，并能让您**为您的客户提供更好的服务**。"（同样也是摘自舒克的著作。）这些黑体关键字就是所谓别人的语言，能够使别人了解、很快引起他们兴趣的说法。

巴克·罗杰斯成为成功的生意人固然有许多原因，但能以母语做双语表达（懂得说别人的语言）应该是首要原因。

不过，这种能力不只在销售产品或服务（稍后会再次提及）时显得很重要。真正的要点是，这种能力可以帮助你销售自己。下面 8 项建议是教你如何去说别人的语言——我认为它们都是无价之宝。

如何去说"另一种语言"

1. 使用具有"推动性"的字眼；

2. 舍弃具有"抑制性"的字眼；

3. 用简单的字眼；

4. 不要使用戒备性的字眼；

5. 轻松自在地使用俚语；

6. 说出你真正想表达的；

7. 实践你所说的；

8. 不要用渎神的字眼。

现在，我们来看看有哪些该做的和哪些不该做的。

1. 使用具有"推动性"的字眼。我之所以如此称呼这些字眼是因为它们能改善你与别人的关系。人们喜欢听到这些字眼，同时它们也能让别人对你留下好印象，让别人想回应你。这里有些"推动性"的字眼，可以在你身上产生奇妙的作用，因为它们都包含在别人的语言中，能让别人很快地认同（当然还有很多其他相似的字眼）：

　　您、您自己、您的　保证　我们　请、拜托　我们的、我们自己
谢谢　抱歉　对不起

　　我知道有家著名的公司制定了一项内部规定：不论谁发出的信，从总裁到一般职员，只要内容中出现"我"这个字就不能寄出去。公司寄出的信件都经过仔细的检查——事实上，秘书们在替老板写信件时都十分谨慎，多次修改几乎是必要的。

　　初次看到该公司信件的人，可能会对他们的词语感到意外。不过，"您"和"您的"这种字眼的确有它的效果。"您将会在几天内收到……"或者"您的货物已在昨天送出……"这家公司知道，无论来往的对象是谁，这些字眼都能让人感到温暖。该公司某位公关人员甚至将这个习惯用在他的私人信件中，并因此取得了成功。他告诉我："乔，想要改变以前的用词习惯，就不能用'我'这个词。"

　　"您"、"您的"和"您自己"都是能抓住别人注意力的字眼。你说出或写出这些字眼的时候，看到或听到的人会变得较为警觉，从而做出更强烈的反应。除了字面意思外，这些词的发音听起来也很舒服。它们可以让奇妙的事发生。比方说，若是你能用别人的语言和他们沟通，他们就会突然间对你这个人，以及你所说的话感兴趣。

　　下述文字摘自巴克·罗杰斯所说的话："我有一样产品能让您工作更省劲，降低您的成本，并能让您为您的客户提供更好的服务。"你注意到，巴克的第一个字眼用得不好，但是他立刻用另外四个具有

"推动性"的字眼（黑体字）进行了弥补。

不久前我和一位成功的家具销售员聊天，他说他学到了一个道理：用客户的语言来交谈，并常用"您"这个字眼，比起重复品牌名称、强调弹簧的品质或合理的价格，能卖出更多家具。"客户期待的是贴心和尊重，"他笑着说，"有好品质和好价格当然更好。"他发觉，使用别人的语言时的简单句子（例如，"从您所描述的府上墙壁和地毯的颜色来看，灰棕色的鹅绒沙发一定能令您的起居室更别致"）比起"打九折"这类话来，生意能做得更好、更长久。

我曾经告诉一位珠宝店店员，我想买胸针送给太太，他问我："乔，你是如何成为世界第一的销售员的?"他提出问题的那一刻，就已经抓住我的心。他提起了我的兴趣。开场白就用了"你"这个字，紧接在我最喜欢的另一个字，即我的名字"乔"之后。注意，他并不是说："告诉我，我要如何成为更好的销售员。"

我这两位家具店和珠宝店的朋友都很成功，因为他们懂得使用别人的语言的技巧。

当你决定让"您""您的"这些词成为你词典中的重要部分，当你开始使用这些词时，另一个奇妙的字眼（能帮你更成功地销售自己）很快会融入你的言谈和写作之中。每位专业销售员，每个丈夫或妻子，每个恋爱中的男孩和女孩都会很快学会两个字——"**我们**"。我家隔壁住了一对和善的夫妻，他们刚过完金婚纪念日。他们告诉**我，50 年愉快的婚姻生活中，他们发现，"我们"是世界上最美妙的字眼。**

"我们"和"我们的"都有分享和包容别人的含义，所以也要经常使用它们。如此可以说明你真正学会了双语表达。

还有其他哪些字眼？跟别人道歉常常是一件难事，不过，说出你"很抱歉"，而且心里真的这么想，能够提升你在别人眼中的形象。"保证"这个词充满了承诺。当你向人保证某件事，并实践了诺言（稍后在另一章中讨论）时，别人对你的评价也会提升。**另外，"请""谢谢""对不起"都是"推动性"的字眼，能一直帮助你销售自己。**

2. 舍弃具有"抑制性"的字眼。我之所以这么描述，是因为使用这些词就像在自我销售的过程中配上了制动一样。毕竟，自我销售是你无时无刻不在做的事。人们听到这些抑制性的字眼会转身离去。他们可能不明白自己的举动，不过他们就是会这么做。在使用别人的语言时，尽量避免下列"抑制性"的字眼：

我　我的　等一下　或许、可能

这些词通常表示，你是用自己的方式，而非别人的方式在沟通。其中有个重大的差别——角度和观点。使用别人的语言表示你是从他或她的观点来看待事物。人们喜欢并欣赏这种态度。因此，秘诀就在于试着以别人的方式来沟通。这并不是要你对他们的要求让步，或者放弃说服别人，放弃销售自己（在本书另一章也会进一步探讨），而是意味着你用你的字典，把自己放到别人的立场上，透过别人的观点来观察。当你真正做到时，你就已经踏上坦途，在人际关系、社交生活和事业上都会获得意想不到的成功。

还有其他抑制性的字眼。当你使用"等一下"这个字眼的时候，从别人的观点来看，他会立刻对你冷却下来。相反，使用"现在"这个字眼能提升你在别人心目中的印象。别人喜欢你**立刻**替他们做事，而不是等一下。所以，像"现在""立刻""当然""一定"等字眼具有推动你的作用。至于"也许""有空的话""等一下"之类抑制性的字眼是应该避免的。

关于这一点，你可能会说："等一下，吉拉德！你说'我'是个抑制性的字眼，但之前你不是告诉我们，要对周围每个人说，'我是最棒的'吗？"我不会跟周围的人说这句话。我只告诉乔·吉拉德。记住，我称之为心理鼓励作用。**我告诉自己我是第一名，我是最棒的。我只对我自己这么说。如果我对别人也这么说的话，只会起反作用。**当我别着"No. 1"领夹时，如果别人询问，我会告诉他们，我是我自己生命中，而非别人生命中的第一名。他们才是自己生命中的第一名，而这点就是我要强调的。坦白地说，我之前曾提到，穆罕默德·阿里告诉全世界他是最棒的时，他其实是在激励自己，不过相对地也引起许多人的反感——包括他的拥护者和体育记者。即使是阿里的怒吼也改变不了这个事实。

3. 用简单的字眼。我指的不是基础英语或你的基础母语，也不是说所用的每个词都只能有一个音节。我建议你舍弃所有绕口、晦涩难懂的字眼。理由何在？因为有可能这些字眼并不属于别人的语言。如果你想要把自己销售得更好，让别人理解你的意思是很重要的。

没有人比温斯顿·丘吉尔这个带领英国走过二战的人更懂得这一

点。温斯顿·丘吉尔知道，英国人必须重振国家的防御能力，而要让人民了解这一点，就得使用他们的语言，让他们奋起抵抗，"在海上……空中……（以及）滩头"。他不会对群众说出一语双关的话，而是使用他们能够充分理解的字眼："除了热血、辛劳、泪水和汗滴之外，我没有什么能报效国家的。"

丘吉尔将他学到的这些道理写了下来。"我这一生都是靠写作和演讲来谋生，简单的字是人们所熟悉的，可以让别人充分理解，甚至可以推动人们。"

我很欣赏这个忠告，因此我把这段话装裱起来放在办公桌旁。我鼓励你也这么做。

如果你还需要翻译人员的话，你就无法销售你自己。来看看一位保险精算人员送到总公司理赔中心的纸条："因为取得现场目击者证词（包括求偿方及争辩方）面临许多压力，必须重新审核事件经过，因而裁定最终结果之日期需延后三天，届时将无任何延滞事情发生。"我看了这张纸条后摇摇头，实在很迷惑。而翻译过来的意思不过是："星期四以前我会上交报告，不会再延迟。"所以，牢记简单明了的规则。

还有，要根据场合说话。好的汽车销售员知道，面对女性顾客，要强调车子的样式、美感、舒适性及安全性，而非马力或转速。如果你去看医生，那么你会发现，虽然他的语言里有许多医学用词，但那并不是你的语言，所以别把你在医学书籍或专栏里看到的词语拿出来用，只要简单明了即可。告诉他，你胃痛或呼吸时会痛，他就能明白。医生懂得规则。只有在与其他医生交谈时才会用他们彼此都懂的语言，否则平常他们都以病人能够理解的方式来表达。没有医生会说（至少就我所知），"服用10克的乙酰水杨酸，并充分休息"。我们只会对"吃两颗阿司匹林，上床睡觉"这种建议微笑点头。

4. 不要使用戒备性的字眼。这些字眼具有警戒作用，常会让人不自觉产生防卫心理，甚至不再热情。跟民主党人提到共和党，就像在公牛前面挥舞红布。同时，税捐和支出对共和党人来说，也是"红布"字眼。

判别"红布"字眼的最好方式就是先问问自己，哪些字眼会让你产生警觉？如果我列出一张表，那么表上的字眼只会让我产生戒备，其中可能有许多字眼对你们完全不会产生类似作用。事实上，除非你十分熟悉某个人，否则你不会知道有哪些是会令他产生戒备的字眼。因此你要小心观察。对陌生人说话时，你很有可能用了戒备性的字眼而不自知，因为你根本不了解他。不过，总是有些大方向可以遵循，下面这些字眼对一般人来说，可能都是戒备性的字眼：

宗教　民族背景　政治　家庭　种族　经济状况

我知道这些看起来很笼统，它的要点在于了解谈话的对象，避免那些令他感觉不自在的字眼。

你必须自行摸索。你得聪明地体会到，假使谈话对象的宗教信仰和价值观与你相同，那么讨论宗教的话题应该很保险。但若是你向虔诚的罗马天主教徒鼓吹节制生育，那你肯定销售不了自己。"红布"

字眼不会拉近彼此的关系，而是会急速地冷却它。再强调一次，不要去销售你的理念（比方说，你赞成节育），而是斟酌你的用词。你是否相信，如果你能够谨慎地选择字眼，那么即使你和医生谈论社会医学，也不可能激怒他？关键在于你怎么说。

5. 轻松自在地使用俚语。用俚语来表达没什么不好。因为俚语都是在工作时、军旅中、校园里以及族群里发展出来的。它们表达的意思往往很强烈，能够恰如其分地支持某些特定观点。它们更新的速度也很快，没多久就会被新的语言取而代之。还有，它们很少能像直截了当的字眼那般有用。

老兵在第二次世界大战后退役时，国家向他们颁发了一枚小领夹。"美国大兵"（已经是过时的字眼了）称这种领夹为"破鸭子"。如果你现在用这个俚语，那么很少有 60 岁以下的人听得懂你在讲什么。

虽然有些俚语的寿命较长，但在这里把它们列出来并非明智之举。因为在你看到这本书时，可能有些俚语早已不用了。

要点在于，你必须谨慎地使用俚语或外语，这可以不时地提供助力，帮助你销售自己。

在我成长的环境中，街上的人常说："Give Me Five（字面意思是给我五个手指头，即伸出手击掌互相鼓励——译者注），兄弟。"没有人会说："让我握握你的手。"有一次，我企图使用另一种语言，我对一个可能买车的客户说："Give Me Five，兄弟！"他照做了。不过我一碰到他的手，立刻就后悔了。我心想，乔，你弄巧成拙！这个人断了几根手指。他察觉到我的尴尬，把我从销售自己和车子的困境中解救出来。他笑着回答："我先给你 3 个，欠你 2 个。"看，他真有风度。

有时候，如果我知道客户是意大利人，我会用意大利语对他说："嗨，你好！"我还会用德语说"再见"，用波兰语说"身体健康"。外国话能帮助你灵活运用别人的语言，不过你得先确定谈话对象的背景。如果有疑虑，那么还是少用为妙。

6. 说出你真正想表达的。销售自己时，容不下语焉不详的空间。不要用那些模棱两可、刁钻，或听起来是一回事，其实代表另一回事的字眼。这些都是规避责任的字眼。

比如，当你想与他人共进午餐时，要说"方便的话，周二我们一起吃午餐"，而不是"有空一起吃个午餐嘛"。第一句表达了你真正想要的，即周二一起吃午餐。第二句好像在说我们是不是一起吃午餐都无所谓。

仔细想想，是否有人曾经对你失约，或让你久久等候，或把你教给他的食谱弄错了，然后对你说"我以为你说的是……"？

别再犯同样的错误。下次要清楚地表达你的意思。

7. 实践你所说的。把销售自己这件事完全搞砸的方式之一就是，你说你会去某处，或你要做某事，但心里完全没打算照着做。也许当时你并不自知，不过在潜意识里你可能已经把手指交叉了（手指交叉代表说话不算数——译者注）。

我把这种情形称为说话没有决心。其中有些字眼也是光说不练的人最爱的。千万不要用那些字眼。你或许会想脱口而出，因为你知道这些字眼能给自己留些余地。它们包括"或许""再看看""改天"

"我想一下""我想想办法"。其实还有更多。

如果你想销售自己，就必须坚决。你也希望让别人知道你的话有保证，你是值得信赖的人。如果你不想做到你所说的，那根本连提都不要提。这是最保险的做法——但有谁是凭着保险的做法而成功销售自己的呢？至少我就不是。

8. 不要用渎神的字眼。 前一阵子我在纽约时，和一位颇为成功的电子钟表批发商一道吃午餐。他很准时，想必是职业使然。不过他说了些我的事让我很惊讶。他告诉我，我最近几次面向销售团体的演讲得到了一些负面的评价。他听说我用了些渎神的字眼——虽然无伤大雅，但还是拿上帝开玩笑。他很坦白地对我说，那些字眼是不必要的。并且他要我保证，写作或演讲时不会再犯。他还告诫我，如果因为用了这类字眼而失去人心，即使只有一个人，也太不值得了。这是我在销售自己这件事上失败的例子。

他指出，许多人会注意到并讨厌你使用渎神的字眼，认为那是一种冒犯。而这些人中有不少自己也常用渎神的字眼，却不明白这些字眼所投射的含义。别成为这种人，表现出你和他们的不同，我这位朋友是这样劝我的。

后来，洛杉矶的一位铅管材料零售商（也是一名销售员）对我说，他再也不想看到或听到雷尼·布鲁斯（Lenny Bruce）的脱口秀，也不想再去看巴迪·哈克特（Buddy Hackett）的表演。现在，布鲁斯还是很受欢迎，不过我的朋友依然不为所动。对他来说，雷尼·布鲁斯有一张娱乐界最肮脏的嘴巴。不过，从另一个纽约批发商的口中，我得知这位洛杉矶零售商甚至比雷尼·布鲁斯还要口无遮拦。据说这名销售员有一卡车的低级笑话，而他竟然还告诉我，巴迪·哈克特这个大家公认有趣的人应该检点一些。

我常在拉斯维加斯看到唐·瑞克（Don Rickles）的表演，他靠损人而赚大钱，不过，他从来不会用脏话来侮辱别人。许多优秀的喜剧表演艺人都很有原则。

我们都知道，生活中有各式各样的人，有的可能讲一口熟练的专业用语，有的习惯用码头工人的词句。你不必用渎神的字眼也能很成功地向他们销售自己，这一点会令你和他们都深感意外。我一直在向读者销售我自己，不过你可以找找看，本书从头到尾都没有一个鄙俗的字眼。

艾拉·海斯（Ira Hayes）是 National Cash Register 公司的总经理，也是一名杰出的演说家，他曾在著作《喋喋不休》（Yak！Yak！Yak！）中，对于渎神的字眼和单纯的脏字有这样的看法："别去尝试……当你用渎神的字眼时……你是在贬低自己……那些都是不必要的。既然帮不了你，还用它做什么？"

说别人的语言，是要使用其中的精华，而不是挑拣糟糕的东西来讲。再次摘录海斯所说的："……别说会冒犯别人或使人尴尬的话。渎神的字眼会得罪一半的人，并使另一半的人感到尴尬。"

这 8 项建议可以让你在销售自己时懂得双语表达。如果你记得说别人的语言，所到之处都会为你敞开大门——不论是在工作上、家庭中还是邻里关系中。懂得说别人的语言能够帮助我们攀向顶峰，并且帮助我们在私事或公事上都将自己销售得更加成功。

因此，现在就开始试着去做——用双语表达，不论你是销售员、银行职员、学生、老师、管家、制作工具的人，还是刚退休。别以为说别人的语言是单向沟通，只有你在努力。那不是真的。别人很快就会用你的语言来回应。如果真能做到前面所说的，你们彼此误解的情形就不太可能发生了。那也是你能轻易销售自己的时候。

现在就行动！

- 下定决心学习另一种语言——别人的语言。

- 下定决心提高自己的表达能力——不论是说、写还是理解方面。

- 将8项建议写在一张卡片上，贴在你每天看得到的地方。

- 现在就开始，第一个星期，算算你对接触的人用了多少"推动性"的字眼。统计一下整个星期的成绩。让它变成一种习惯。

- 第二个星期，把所有"抑制性"的字眼都丢弃不用。

- 第三个星期，尽量使用简单的字眼（词）。如果你突然想用6个音节的词，那么绝对不可以，要用只有2个音节的词来代替。

- 第四个星期，逐项执行每个建议，如此持续八个星期。到时候，它们就自然而然变成你的一部分了。

- 这些也是学习法语、西班牙语、德语生词及文法的方法，真的很有效。

第 8 章

记忆管理

一个人所能说的最糟糕的话，莫过于"我忘记了"。

除此之外，它们也属于"抑制性"的字眼，会搞砸你销售自己，销售你的想法和理念的机会。怎么说呢？会有怎样的损害？

这么说吧，想想你忘记一个重要约会的后果！

如果你忘了结婚纪念日、生日或其他的特别日子，那有多糟糕！

想想看，舞台上的演员突然忘词有多尴尬！

还有，销售员如果在推销时忽略了一位重要客户的利益，就会丢掉那笔生意。

还有其他许多场合，仅"忘记"这两个简单的字，就会让你付出无法销售自己的代价。而妥善管理记忆能够适时地弥补。

记忆超群的妙用

有人说大象从来不会忘记事情，它记得每一件事。不过，即便如此，大象还是不会销售它自己或者销售其他东西。问题在于大象不知道如何选择、管理它的记忆。而人类有能力筛选重要的，把不重要的剔除。这就是人与大象的不同。大象无法控制它们的记忆能力，但人类基于许多理由必须记忆，必须适时地记得正确的事物。

还有人说记忆力最差的是骡子。我们通常认为，骡子很顽固，不按照我们的意思去做。动物训练专家说其实不然。骡子不遵从我们指挥的原因是，这一刻你告诉它，或做给它看，下一刻它就忘记了，刚好和大象相反。

幸运的是，我们既非大象也非骡子。如果我们能够掌握其中的技巧，就可以做**选择性的记忆管理**。为什么记忆管理如此重要？

比如记得某人的姓名，可以助你敞开大门，让别人立即亲近你，于是你就占了上风。要是你忘了他的名字，可能就不得其门而入了。

说了要到某个地方，结果没去，或没按时出现（在没有正当理由的情况下），会让你变成输家。失约可能会让你丢掉工作，当然也会造成金钱上的损失。很多医生或牙医现在都会向爽约的病人收费。

忘了太太的生日可能会——应该不用我来告诉你会有怎样的麻烦了吧。

相反，良好的记忆力可以创造奇迹。只要想想记姓名的本事就够了。

我知道有些人拥有绝佳的记忆力，并因运用这种能力而获得相当的成就——特别是在记姓名这方面，姓和名都要记。

有一次我观察罗伯特·伦德（Robert Lund），他是通用汽车雪佛兰部门的总经理。在一次全美汽车经销商协会于旧金山举行的会议中，他站在门口，叫出每一位经销商的名字，向他们打招呼。他记住了全部的人名。这实在很不简单，因为雪佛兰在全美有超过 6 000 位经销商。这种能力不过是罗伯特在汽车界成功的原因之一而已。

对他的本事，我惊讶地问身边的同伴："他是怎么办到的?"

"我要知道就好了。"

这句话也让我很意外，同时感到很有趣，因为当时站在我身边的是密歇根诺斯伍德学院（Northwood Institute）成人再教育学院（College of Continuing Education）的威廉·罗恩斯（William Rohns）。这个学校在印第安纳州和得克萨斯州都有分校。他本身也有极佳的记忆力，他叫别人的名字时从没有失误过，令人觉得备受尊重。

我问威廉他自己是如何做到的。他提出了几个重点，和我下面要谈的记忆法则大致符合。

这些法则当然不一定适用于每个人。有些人轻易就能唤起记忆，有些人则不能。如果在这方面没什么困难的话，算是很幸运的。或许你可以跳过本章。不过，大部分人在记忆管理方面存在问题，如果你也是其中之一（像我一样），就继续读下去，找出秘诀所在。

手指上的线：记忆管理法

当我母亲想记起某些事时，她靠的是绑在手指上的线。很多人也是这么做的。不过，不论别人对你怎么说，这都不是记忆事物最好的方法。我母亲就常常忘记她为什么在手指上绑线。而且，在手指上绑线会影响血液循环，让手指麻木。

要管理记忆还有很多方法，不一定要用线。这样的话你不会阻碍血液循环，更不会忘记自己为什么绑了一条线。我要告诉你的记忆秘诀是完全用不到线的。

好，相信我，下面这些法则绝对奏效：

记忆管理的 10 个法则

1. 在你的记忆银行里开个账户；

2. 不要把琐事存进去；

3. 每天清理一次；

4. 利用词与词之间的关联性；

5. 别过于相信你的记忆力；

6. 别把记忆弄乱了；

7. 小心记忆陷阱；

8. 发挥重复的功效；

9. 让大脑保持忙碌；

10. 记得要遗忘。

我们来仔细地思考一下。

1. 在你的记忆银行里开个账户。这表示你想要像管理财务一样，审慎而明智地管理你的记忆。

我们每个人都有个记忆库。在这方面，我们是全世界最精密的电脑。它就像一般的货币银行，你可以随时存取（利息会在你自我销售时显现出来）。

在每个清醒的时刻，我们都在通过表面意识及潜意识存入记忆。我们常常并不自知。这个银行常收到存款——人名、面孔、日期、事件、印象、想法、事实、图形以及其他资讯。心理学家告诉我们，即使在睡眠时，大脑也忙着接收信息。

收到存款的情形随时在发生，不是我们能决定要或不要的。我们想提款的时候，麻烦就来了。好比在银行存款总是比提款容易许多，记忆库也是一样。

它并不情愿被提款（要求身份证明、签名等），所以设置了许多障碍。我们要提款，要做得恰当，特别是在需要的时候。

我们的记忆库和货币银行不一样的是，它没有时间限制，随时都开放。如果不好好利用这个便利之处，岂不是太可惜了？

你要如何在记忆银行开个账户呢？只要对自己说，从现在开始，你要像管钱一样管理记忆即可。**你必须努力去控制存款，以决定将什么放进去。你也需要努力，以便在适当时机能取出你要的款项。**告诉自己记忆已存在脑中——你所要做的只是走到银行柜台前，把需要的取出来而已。

把你的头脑想成一个银行。看看出纳柜台；看看存款柜台；看看 24 小时自动存取款机，插入塑胶卡片后，轻按几个键就能轻松操作。

想象你踏进银行，说"我想存款"或"我想提款"，然后对方微笑着回答"是的，先生"或"是的，小姐"。

你的记忆银行不会倒闭。就像有人说的，它是由联邦机构担保的。这个"联邦机构"就是你自己。

2. 不要把琐事存进去。琐事就像杂物。记得祖母家屋顶上的小阁楼吗？你很喜欢上去寻宝。对你来说，那里面的东西可能很有趣，可是奶奶却常会说"该找个时间好好整理一下"，因为里面总是堆满了不想丢掉的杂物，常常连走路的空间都没有，而且放在那里的大部分都是些没用的东西。（对，偶尔会在阁楼里挖到宝，如价值几千美元的古董，不过那是这项规则的例外。也有人在阁楼里找到过"南北战争"时期的钱币。）

人的脑子就像老旧的阁楼，常常会堆满琐碎、无用的事物，以至于乱七八糟，让你找不到想要的东西。搜寻记忆变成了"清道夫"一般的工作。所以，**好好地管理你的记忆，不要让琐事进入你的记忆银行**。

我不想批评电视产业，不过，电视的确是制造垃圾、琐事的大头之一。不用我告诉你，你也知道，它被称作"废墟"。除了一些重要的新闻事件或特别节目外，我很少看电视。我觉得看总统的新闻记者会很重要，不过很多人告诉我，那简直就是垃圾。你必须自己做决定。电视上会播放一些经典的电影，不过也有很多电影毫无价值，且后者要比前者多。我把电视称为"心灵的垃圾食品"，虽然它的色彩丰富，可是大部分节目都是垃圾。因此，我并非要你完全不看电视，而是要有选择地看，别把一堆电视上看到的垃圾记到脑子里去。它们会堆满你的银行。

坊间小报（常堆在超级市场结账的柜台上）、书籍、杂志或电影里的色情内容，还有说人是非的闲言碎语，这些全都是垃圾。你知道它们像什么？就像以前西部的歹徒及杰西·詹姆斯（Jesse James）之类，是专门打劫记忆银行的强盗。

你要做的是，**把一些好书、资讯性的杂志、精致的艺术及美妙的音乐存入记忆银行**。这些都不会让你的脑袋变得乱七八糟。把它想象成旅行的方式——记得在去银行的路上你会找到图书馆、博物馆、音乐厅和书店。停下脚步来充实自己。

3. 每天清理一次。让记忆的黑板保持干净，能随时接收新的、重要的、你想要记住的资讯是很重要的。如果黑板上的东西没有擦干净，你就很难找到地方再写上去。

我记得小学三年级的时候，老师要我们每天轮流擦黑板。当老师说快轮到我的时候，我总是非常高兴。我会先把教室里所有的黑板擦干净，除非老师特别交代有些不能擦。然后用海绵沾温水，来回擦洗。那时我很矮，几乎够不到黑板顶部。不过，看到清洗干净后的黑板，准备容纳明天所写的一切，你不知道我心中有多骄傲。

一直到今天，我每次要清理记忆时，都会想起三年级教室里的黑板。我还记得粉笔的灰尘、海绵泡在温水里的味道以及老师验收成果时赞许的眼神。这些都是愉快的回忆，它们拭去了不愉快的部分——

放学后被留下来、害怕拿成绩单回家、在校长室被训诫的情形。

事实上，我们的潜意识里一直在做这件事：**把美好的事物留在脑中，擦去不好的记忆**。很多出国征战的老兵都有这样的经验。时过境迁之后，他们忘了在战争中不愉快的体验：炎热和灰尘、战役的恐怖、伤患和死难。他们现在记得的都是美好的事物：远方寄来的家书，一整个星期的假期，班里、连里或营里的战友情谊。

清理记忆是一种享受。如果潜意识忘了替你清理，我们也会自觉地这么做。重新活得像个孩子吧——把你的记忆黑板擦干净。

如此一来，你放进去的新事物会显得十分美好。

4. 利用词与词之间的关联性。其实就是联想。比如讲到圣诞节，就会想到圣诞树、装饰品和礼物；提到光明节（Hanukkah，犹太教节日），就会想到蜡烛；提到阿拉伯，就会想到石油。

词与词之间的关联性对记忆管理很重要，原因就在于此。它在记名字、地方和面孔时很有用。字的关联性可能与颜色、季节、城市、州名、电影，甚至韵脚有关。

有位成功的房地产销售员告诉我，要是人名和颜色扯得上关系，他就立刻将之与那个颜色联想在一起。比如说，布朗（Brown；咖啡色——译者注）或布朗宁（Browning）；怀特（White；白色——译者注）、惠特尼（Whitney）或布莱克（Black；黑色——译者注）、布莱克斯通（Blackston），格雷（Gray；灰色——译者注）或格雷森（Grayson），格林（Green；绿色——译者注）或格林伯格（Greenberg），斯诺（Snow；雪色——译者注）或斯诺登（Snowden）。如果不是姓，而是名的话，如罗斯（Rose；玫瑰——译者注）或罗斯玛丽（Rosemary；迷迭香——译者注）、维奥莉特（Violet；紫罗兰——译者注）或莉莉（Lily；百合——译者注）等等，也是用相同的联想。

颜色、花卉的组合，都对记名字和地点有帮助。

要是名字和颜色一点关联都没有呢？他就会用其他的联想。比如他记 Mr. Tim Schyler，一个很矮的人，是把他和两件事联想在一起——Tiny Tim（小蒂姆）和 sky（天空）。记 Mrs. Tudor（图德太太），是将她和汽车联想在一起（有款车叫 Tudor——译者注）；至于记 Henry Johnson（亨利·约翰逊），则是将他与美国前总统林登·约翰逊（Lyndon Johnson）联想在一起。

我认识一位建筑商，他是用建筑材料来帮助记忆。他有位供应商叫切特·布里克利（Chet Brickly），这位布里克利先生从没想到自己在建筑商的大脑中是和砖头（Brick）联想在一起的。

有一位很成功的汽车销售员告诉我，他永远不会忘记一位客户的长相。这位客户的名字是埃德·塔斯基威茨（Ed Daskiewitcz），他留着山羊胡子，还戴副眼镜。要记他的名字比较难，不过记他的长相就很容易。为什么呢？因为埃德的脸简直和罗斯福总统在总统山的石刻脸孔一模一样。在这位销售员心中，埃德的脸是刻在石头上的。

我认识某位验光师，他的女儿是底特律大学（University of Detroit）一位十分优秀的学生。她背历史有自己的一套方法。她把历史事件的日期和音乐联想在一起，因为她是一个很懂音乐的人。英国曾强迫美国海员加入英国海军，于 1812 年引发两国的战争。她立刻想到《1812 序曲》，于是很快她就记住了这一历史事件。她还告诉我，她记得简·格雷（Jane Grey）夫人只当了 9 天的英国皇后，就在伦敦塔下被处决了。她是把这一历史事件和贝多芬的《第九交响曲》，即贝多芬的最后一个作品联想在一起的。

她的方式对我没用，因为我不是音乐家，懂得的历史也不多。不过，对你可能就有用了。你现在应该了解，把名字、日期和别的事物（你最能记得的）联想在一起，可以创造出自己的一套记忆方法。你会很高兴的。

5. 别过于相信你的记忆力。记忆喜欢玩些小把戏。如果你放任它而不去理会的话，它就会跟你玩恶作剧，当你努力想销售自己时，可能就会冒着失败的危险。

这些记忆法则，特别是这一项，都不是要让你成为记忆的法师——就像小时候我常从收音机里听到的那些记忆惊人的小孩。我们是**要管理你的记忆，而非信任它**。而最好的方式就是由你来操控记忆，而不是让它将你玩弄于股掌之间。**你要用的手段就是"写下来"。**

当我和别人交谈时，会在面前摆张小卡片——以前当销售员时就有的习惯。我会把信息写下来——对方的爱好、运动、何时有宝宝、生日等。听到什么就写什么，不必太一板一眼。如果当场无法用笔记录，回到办公室后我会立刻写下来。

那么下一次我再遇到这个人，特别是我事先知道会遇见他的时候，我就能通过卡片唤起记忆，作为彼此的话题。我会说："约翰，你的保龄球赛成绩如何？你还在公司的球队里吗?"或者"拉尔夫，你的小女儿应该已经满 2 岁了吧？一定像个小淑女了。"谈话的对象会因为我还"记得"感到惊讶又高兴。他已经认同我了。

我把这个技巧告诉了我的牙医吉尔伯特·狄瑞多（Gilbert Dilorito）博士，他也一直在实践这个方法。每次看病时，他都会把这类个人资料和病历（如补牙、洗牙、拔牙、矫正牙齿和根管治疗等病历资料）写在一起。下次病人再来时，通常都隔了几个月，他的"好记性"就会令他们惊讶。他会随口问："去年夏天你到黄石公园（Yellowstone Park）好玩吗?"或者"皮特，现在你差不多要把游艇收起来过冬了吧?"牙医告诉我，这个方法有用极了，可以增进医生和病人之间的关系，让病人在诊疗椅上能更加放松。

这个技巧在记约会、重要的事件、行程或特殊的纪念日时也很有用。我有一个记事本，里面的日历是每个月一页，每天后面都有一个小方格。我随时都带着。我会在上面写下如（10 日星期三那一格）"在阿曼达家吃晚餐"，或（16 日星期二那一格）"晚上 10 点到凤凰城"。这是另一种避免过于相信记忆力的方法。

另外我还用了一招，就是在今天写下明天的约会，或明天必须做的事。我会把它们写在小纸条上，放进口袋。到了晚上，我就把纸条拿出来，整齐地依序放在柜子上或闹钟旁边。第二天早上一醒来，我就会立刻知道当天要办哪些事。比如，9 点和萨姆见面，或到洗衣店取衣服。

6. 别把记忆弄乱了。别把所有的事情弄得混淆不清。最容易犯这个错误的理由就是，你存款到记忆银行时，把账号弄错了。要避免这种情形，最简单的方法是，厘清你要记得某件事的原因。这个原因就是你的存款账号。

假设你想记住在这个星期五，即 12 月 1 日，你要向住在犹他州的知名电影明星及环保运动人士罗伯特·雷德福（Robert Redford）推销一个很棒的概念：在能源逐渐私有化的今天，把太阳能作为一般家庭的热源。好，你要把哪些资讯存入记忆银行，存在什么账号下呢？

星期五，12 月 1 日？很简单：本周的最后一个工作日，本年的最后一个月，本月的第一天。

罗伯特·雷德福？运用字的关联性——一部红色的车（Red Car），福特（Ford）车那种。

演员？也是用联想——电影院。

环保人士？被丢在电影院里的爆米花盒。

犹他州？简单——Beehive state（犹他州的别名）。只有这么一个州。

太阳能的概念——从太阳来的能源？也是使用联想——向日葵、日晒或晒伤都可以。

如果你把上面这些全部存入记忆，那么一定会混淆，所以**你必须选择重点。什么是最重要的、最应该记住的？**我想我们都会同意：太阳能是其中之一——或许可以用镜面反射的系统。这一项就是你要存入记忆银行的主要部分：关于太阳能的一切——太阳能是什么？怎么利用？好处有哪些？至于日期，可以记在日历上。罗伯特·雷德福，超级巨星，应该不难记住。每个电影迷都对他耳熟能详。如果必要的话，把他的名字写下来就可以了。

7. 小心记忆陷阱。你可能遇到的最糟糕的陷阱，就是忘记上次说过什么。如果你没说实话，这种情形就会常常发生。我并不是指骗子，而是一般人多多少少都说过善意或无伤大雅的谎话。我们会发现，谎言一出口，可能就得用第二个、第三个谎言来遮掩。实情总是容易记住，然而我们的意识却企图将不真实的东西忘掉。

说谎的结果往往很尴尬。假如有人问你："你的头痛好了没?"你回答："什么头痛?"那个人就会很疑惑："就是我昨天想去你家，你说头痛想休息呀!"

如果你的谎言与公事上的约会、行程安排、某些决定或重要的社交场合有关，结果就更糟了。

虽然这个道理谁都知道，但你还是要遵守"说实话"的法则，如果你有秘书的话，要确定她也说实话。相信我，大部分打电话来的人都能分辨出，秘书是否在说谎或维护老板。说实话能让你清除记忆中的垃圾。你不必伤脑筋想："我上次是怎么告诉他的?"脑子里装了记忆垃圾虽然糟糕，但更糟糕的是你自己把它们挖出来给别人看。所以，把铲子丢掉吧。

8. 发挥重复的功效。这是一个很棒的技巧，而且相信我，别人不会以为你听力不佳或像只鹦鹉。它可以帮你记住名字、日期、时间以及许多其他事情。它简单得就像下面所说的一样:

有人告诉你某件事时，你马上微笑着说，"麻烦再说一次您的名字好吗？我想记清楚。"他说了之后，你大声地重复一遍。我保证，这个人会喜欢你这么做。

发挥重复的功效就是借着"倒带"来管理记忆。它可以让事情在你的记忆中固定下来，就像电视的重播一样，清晰可见。

这个技巧还可以用来记住其他重要的事情。

"你说几点开会？九点半？"

"我想记清楚，菲尔的生日是什么时候？星期六？"

"你说书店在哪里？费尔蓝购物中心？"

我永远都记得有位销售员通过发挥重复的功效，成功地销售了自己。他是一名优秀的电器用品销售员，名片上印了一串促销词。在销售的过程中他不时地递名片给我，大约有五六张。当他不停地把印有姓名和下列词句的卡片拿给我时，我怎么忘得了这个人和他的产品！——结果我向他买了一台窗式空调：

想要凉爽，这里有好产品。

——丹尼尔·T. 亨德森（Daniel T. Henderson）

价格令你满意，绝对划算。

——丹尼尔·T. 亨德森

我们的窗式空调性能优良、款式齐全。

——丹尼尔·T. 亨德森

给你提供理想的空调和服务保证。

——丹尼尔·T. 亨德森

其实不止这些。这些卡片不仅帮助销售了该品牌的空调，更重要的是帮助销售了这位销售员。亨德森让我牢牢地记住了他。

后来他告诉我，这个做法的灵感是来自某著名电器公司的巡回展销。该巡回团体以歌唱、舞蹈的方式在各地巡回展示他们的产品。这位电器用品销售员向他们借用了记忆的技巧，使客人都能记住他。

9. 让大脑保持忙碌。 大脑一旦闲置下来，当你想用的时候，就无法立即发挥效用。而且，在错误的时候讲出错误的话，表示你把正确的内容和时间都忘了，你的大脑在偷懒。

让偷懒的大脑发挥效用的最好方式，就是保持它随时忙碌的状态。 你可能以为，忙着忙着就忘记了，其实正好相反。大脑越忙，它的效用就越大。就像肌肉必须经常靠运动来锻炼一样，记忆力也会因为经常锻炼而加强。

哈里·洛雷恩（Harry Lorayne）被称为全世界记忆力最好的人，他在其著作《如何培养超级记忆力》（*How to Develop a Super-Power Memory*）中说："我相信人记得越多，记忆力越强。肌肉可能会因运动过度而受伤，但记忆力不会。你能够学习锻炼自己的记忆力，就像你能学习其他事物一样……没有记忆力差这回事，记忆力只有经过锻炼或未经锻炼的区别。"

所以，保持大脑忙碌，不停地锻炼它。仔细观察，从你开始锻炼的这一刻起，记忆力就会不停增强。

10. 记得要遗忘。我把这一项留到最后，因为它看起来似乎跟我说的互相矛盾。其实不然。这是记忆管理法则当中最重要的事项之一。

我记得有位邻居曾经称赞我母亲："格雷丝，你是我见过的最健忘的人。"它是我母亲所受到过的最好赞美之一。

赞美？一点都没错。我母亲总是记得去遗忘，这也是她教给我的十分重要的一课。

那位邻居指的倒不是忘了关车灯、忘记朋友的生日或约会。她说的是另一种遗忘，这种能力可能把一些妨碍你成功的杂念"一扫而空"——就像我母亲常用的说法。

如果你想更成功地销售自己的话，那么遗忘是很重要的。不论你是要换工作，安排周末晚上的约会，还是说服老公买个微波炉，道理都一样。我母亲知道，销售自己有一个秘诀，就是遗忘。要忘掉什么呢？

她知道，一个人如果将他所受到的伤害、不愉快的回忆和愤怒都积压在心里会十分痛苦。谁会喜欢一个整天愁眉苦脸的人？想必你和我都不喜欢。

她知道，别人的残酷言语或自私举动都会在人的心里产生疙瘩。而我母亲完全不保留这些，她把它们"一扫而空"。

诗人说："**原谅固然是美德，但遗忘更有价值。**"我母亲深谙这个道理。我知道，别人也掌握了她的秘诀。记得小时候街坊有个水果摊贩叫基多（Guido），他的口音常被附近的年轻人羞辱和嘲笑。有一天基多告诉我："乔，如果我一直记得他们说的话，我就会恨他们。如果我恨他们，我就会表现出来。如果表现出来的话，还有谁会喜欢我呢？如果没人喜欢我，我的草莓、橘子就卖不出去了。所以还是统统忘掉最好。"

他遵循了那句格言："人在躺下来睡觉之前应该遗忘。"

妮基·麦克沃特（Nickie McWhirter）这位专栏作家在底特律《自由报》（Free Press）中写道，多年来她心里一直很恨以前学校里的 3 个同学，她说："我的憎恨对她们不会有任何伤害或好处，唯一受影响的人是我自己……憎恨会消耗你的精力。憎恨无法给任何人带来任何价值，特别是我自己。"

要以牙还牙很简单，要怀恨在心也很简单。不过这些只会让你变得更小气。相信我，把它们"一扫而空"要好得多。如果你办得到，你的胸襟自然更宽广，销售自己也就更加容易。现在，照着做：在纸上写下这几个神奇的字，放在皮夹或口袋里，经常拿出来看一看，想一想：记得要遗忘。

以上就是 10 个记忆管理法则。如果你能奉行不悖，那么你一定不会后悔。我们常说："我真希望自己的记忆力能像谁谁谁。"希望并不能成事。你必须努力行动才能锻炼出良好的记忆力。

记忆当然是很重要的——看看多年来有多少人以歌曲传颂不休："Memories""Down Memory Lane""Did I Remember?""Will You Remember?""Memories Are Made of This""Remember Pearl Harbor?""Always Remember""Do You Remember?""Give Me Something to

Remember You by""Just the Memory of You"。还有更多有关记忆的歌曲。而最重要也最有名的一首大概是鲍勃·霍普（Bob Hope）的成名曲——他自己也永远不会忘记，"Thanks for the Memory"。

我用来帮助记忆的技巧并非自己发明的。我也是从别人那儿学来并加以改进的，以符合我自己的需要。我把它们告诉你，你必须加以运用。提出了许多著名观念的作家在《怎样向别人销售你自己》（*How to Sell Yourself to Others*）这本书中说道："这些都是帮助你锻炼记忆力的速成技巧……如果好好地运用，往后面对朋友、客户时，你就不会再红着脸说，对不起——我忘记了。"

现在就行动！

- 把所有的线丢掉，特别是缠在手上的那根线。它们绝对没用。

- 现在就在记忆银行里开个账户。想象你的大脑就像一个货币银行。你走进去存款和提款。

- 把10个记忆管理法则记到脑子里。

- 将琐事从大脑中删除。

- 练习运用词与词之间的联想。

- 不要再过度相信自己的记忆力，把该记的事情写下来。

- 不要让一大堆垃圾在脑中妨碍你行动，更不要在别人面前把它们再挖出来。

- 让头脑保持忙碌，装进有用的东西。
- 在皮包或口袋里放一张卡片，在上面写着"记得要遗忘"，常常拿出来看一看，把不好的念头"一扫而空"。
- 如果你真的很健忘，那就把本章再读一遍吧。

第 9 章

诚实为上

说实话有两个很好的理由——这也是让你在任何状况下都能说实话的动力：

1. 它可以让你觉得很舒服；

2. 它是赢得别人的信任和尊敬的唯一方法。

说它是唯一的方法可能会引起争议，不过我还是要坚持自己的说法。或许你会因为彬彬有礼、现实生活中的地位、仁慈的举动、丰富的知识或经验而获得敬重——但是，别人只要有那么一次发现你说谎，就会立即抹杀你所有优秀的特质。

毫无疑问，不说实话的结果可能会超乎想象。艾森豪威尔（Eisenhower）总统曾经是美国最受爱戴的总统之一。"老艾"领导美国打赢了第二次世界大战，并重建和平家园。

可是有一天，U-2 间谍机在苏联领土上空被击落，他却掩盖了这个事实。结果，美苏高峰会议破裂。我们永远都无法衡量那一次会议若是得以举行，能为世界和平带来多少助益；唯一知道的是，美国遭到了全世界的批评。

早在彼拉特（Pilate）审判耶稣，问他"什么是真理"之前，人类就已经向自己问过同样的问题。从文明发源开始，人们就不停地玩弄真理，到今天还是一样。历史上纵然有许多说出真理的人，但也有大说谎家。不幸的是，说谎的人一向比说实话的人多得多。希特勒就曾经有过"大谎言"的著名论调。他告诉世人，如果你说的谎足够大，而且常常说，那么最后全世界的人都会信以为真。他就是用这个"大谎言"的技巧，几乎把全世界带到了毁灭的边缘。

真理和谎言在人们心里打转，从口中说出来，甚至写出来，通常都是基于某些严肃的目的。不过有时候在开玩笑时也会这么做。更糟糕的是，有时候我们逮到别人扯了小谎反而觉得很有意思。要是别人说真话时我们能更大方地赞美就好了。

几年前有人写了一本书，叫作《除了实话还是实话》（*Nothing But the Truth*），该书后来也被改编成戏剧和电影，内容是说有个人下了巨额赌注，和别人打赌他在某段时间之内会百分之百地说实话。他做到了，但生活却被搞得一团糟，让他几乎永远都不想说实话了。

可是，千万别这么想。

如果你想让别人认为你是值得托付的人，诚实可靠，能够完全依赖，没有丝毫怀疑，千万要说实话。说实话适用于大人和小孩，男人和女人，富人和贫民，名流和默默无闻的人，各式各样的人。作为一个销售员，我敢这么说。

当然，销售员（在我成年后大部分时间里都是个成功的销售员）最难以承担的就是玩弄事实、添油加醋，或是加以扭曲。说谎，或只说一半真话的销售员，很快就会发觉自己毫无前途、丢失客户甚至失去工作。另外，虚假的谄媚或借口、推卸责任，都是要绝对避免的。别人通常一眼就能看穿。

以前当我还是汽车销售员时，我总是尽力提供让客户满意的交易。我可能必须比其他同业的人更努力地说真话，才能摆脱别人对汽车销售员的刻板印象。人们总是认为我们在对他们说谎。〔难怪尼克松被称为"狡猾狄克"（Tricky Dick），人们完全不相信他。大家都记得"水门事件"后全国都开玩笑地说："你会向这个人买车吗?"。〕相信我，卖车需要的就是诚实。

我深知汽车销售员在人们心中的形象，因此我加倍努力保持诚实。并不是因为这么做令我感到自豪，况且我并不觉得诚实值得骄傲，而是认为**诚实是一个关乎自己生存的问题**。是诚实让我成为世界第一的销售员。我总是坦白地告诉客户："我不只是站在车子后面，我也能理直气壮地站到每一辆我销售的车子前面。"我从来不承诺做不到的事，而这个原则让我无怨无悔。

许多客户都会跟我说他做过比较，别处能提供比我这儿更优惠的价格。从数字来看，或许其他汽车销售商便宜了 75～100 美元。不过这些客户最后还是来找我，因为他们怕省这 75～100 美元会得不偿失。虽然在我这儿多付了一些钱，不过他们知道多付的钱很有价值，因为他们永远都可以信任我。

不过，不仅销售员应该以诚实来建立名声，而且每个人都一样，不论你是学生、军人、律师、政治人物、家庭主妇、地产销售员还是教师。你说得出来的任何人都应该说实话。

世界上占多数的是成功的人，他们都将自己的成就归因于诚实。最成功的广告往往也都是一些最简单的真话：

道奇清洁剂：去除污垢！

金宝汤：嗯，好滋味！

可口可乐：每一口都清凉舒畅！

麦斯威尔咖啡：直到最后一滴都是美味！

肯德基：吮指回味乐无穷！

莫顿盐业：莫顿制盐，产量第一！

有时间的话你不妨仔细研究一下市面上的广告词，你会奇怪为什么广告商需要一再地强调事实，甚至为什么它们觉得有必要说谎。而当事实被扭曲时呢？还记得老金牌（Old Gold）香烟，以及那句"整车没有一声咳嗽"的广告词吗？这对香烟来说实在很奇怪。结果老金牌香烟现在到哪儿去了？

说了这么多，我想表达的道理应该很明显了。

马萨诸塞州参议员以及前国务卿丹尼尔·韦伯斯特（Daniel Webster）说过："没有什么比真理更具有力量。"《圣经》教我们："你应该明了真理，因为真理可给你自由。"

马克·吐温（Mark Twain）写了著名的《哈克贝利·费恩历险记》（*The Adventures of Huckleberry Finn*），书中的主人翁虽是个爱说谎的小孩，但马克本人却曾说道："心中有疑惑时就要说实话，因为真理是我们最有价值的东西。"

诗人罗伯特·布朗宁（Robert Browning）也说："说实话有绝对的好处，因为它从来不会伤害说话者。"

没有人知道乔治·华盛顿（George Washington）砍倒樱桃树时是不是真的说过："爸爸，我不能说谎。"不过我们宁可相信那是真的。

我还记得从前读书时，老师说过某个希腊哲人住在澡盆里。有关他的一件事令我对他印象深刻。有一天他从澡盆里爬出来，提了一个灯笼，出发去找一个诚实的人。这说明，即使在那个时代，诚实也是人们想要寻求的东西。

圣者的故事

在我年少时，还有一件事是关于诚实的。它让我永远都记得诚实及坚持诚实的重要性。

这个道理出自一位十分仁慈、极有智慧的人之口。我之所以认识他是因为他算得上是一位宽厚的奇人。他对我的印象大概只是"那个叫乔的男孩"，因为当时我属于那群爱捣乱、成天在街上晃荡的孩子。

这个人是苏拉南·凯西（Solanus Casey）神父。他是圣芳济教派的修士。小时候，苏拉南神父是我们这个教区底特律东部圣波诺凡奇修道院的神父。从 1924 年开始他就在这个教区。苏拉南神父在修道院及无数人的心中都是难以忘怀的典范。从我第一次领圣餐到 17 岁，我一直知道他这个人，而且十分敬爱他，同所有人一样。而且我很高兴地说，我会听他的话。

不过，先让我告诉你他是什么样的人，为什么我们这些孩子会如此喜欢他。我个人始终认为，他是个圣者，从前是，现在也是。总有一天，以上帝之名，所有人会奉他为圣者。

神父出生于威斯康星州，本名叫伯纳德·凯西（Bernard Casey），家中有 9 个兄弟姐妹。父亲是爱尔兰移民。由于家里的兄弟众多，便组成了棒球队，这个独特的家庭棒球队和许多学校里的棒球队比赛，还有热情的姐妹们替他们加油助阵。如果你了解底特律，就会明白我们这些小伙子为什么很认同苏拉南神父这样的人。底特律是一个棒球兴盛的城市，拥有一支杰出的老虎队（Tigers）。我们有自己的英雄——早期有泰·科布（Ty Cobb），近期有汉克·格林伯格（Hank Greenberg）、米基·科克伦（Mickey Cochrane）和校园男孩罗（Rowe）。在底特律，你和棒球一起成长，你和苏拉南神父这样的人一起成长。

伯纳德·凯西年轻时不只是优秀的运动员，还很有胆量。他少时住在乡下，据说有次为了救他的小狗，他和山猫搏斗，小狗才没被山猫撕成碎片。他也明白劳动的意义，他做过农场及伐木场工人、搬过砖头、当过狱卒（令他学会了怜悯），也当过公交车司机，开着全新的电车在城市里穿梭。

21岁时，他受到强烈的感召，投身神职，于是进入了密尔沃基的圣法兰西斯神学院。初到我们这个教区时，他只有26岁，做了两年的见习修士。28岁时又回到圣法兰西斯神学院，33岁时终于被任命为正式的神父。他在修道院的表现并不是最杰出的（这点我深有体会，因为我在学校的表现也常令老爸感到头痛），作为新任的神父，他只能做弥撒，或替生命垂危的人念经使其安息。他不能听人告解，也不能上台布道。不过他的一生其实就是最好的布道，建立于诚实之上的布道。

54岁时他又回到底特律，这一次他是被派回圣波诺凡奇教区，此后在那儿待了21年之久。在此期间我认识了他，也受到他圣洁的感化。他是修道院里最谦卑的仆人，是守门人。我还记得他一再提醒我们这些孩子要诚实。我们或许愚弄了别人，却愚弄不了上帝。我永远不会忘记这句话。记忆中我还能看见他高大的身躯、浓密的胡子，如果世上真的有圣人，想必就是他这个形象。而他也绝对有资格成为圣人。1966年，教会方面打算将他封为圣徒，列入圣典。他奇迹般的治疗能力被广为称颂，数以百计的人见证了他对于人的身心两方面的疗效，不过神父总是将一切恩泽归功于上帝，自己从不居功。许多书籍、杂志和电视都报道他的故事。有些作家只听过他的事迹，却没有机会认识他。

不过我认识他，而且每到圣诞夜，我都会回到儿时的教区，重温他午夜弥撒的记忆。虽然现在圣芳济的修士中出现了许多新面孔，不过我的眼中看到的依然只有苏拉南神父，耳朵听到的依然是神父所说的话："孩子们，谨守诚实，你们就可以把头抬得高高的。"

我不是说诚实就能让你变成圣人，我自己当然也不是圣人，只是要告诉你，说实话绝对不会让你感到后悔。

谎言的代价

说实话不只是良知的问题，也会牵涉到法律。在法庭上，所有人都必须宣誓绝对诚实。做伪证的代价相当高。许多人宣誓之后却没有说实话，结果不是被课以很高额的罚款，就是入狱服刑。

许多法律界和政界的人常陷入这种处境。我们记得的大部分都是国会或其他听证会，那些常有"藐视法庭"言语的听证会。或许，我们之所以印象深刻是由于媒体，特别是电视的报道。显然电视已经成为许多政客的致命敌人。

悉尼·哈里斯（Sydney Harris），著名专栏作家，有句话常被引用："即使高层的政治人物也会语带双关、推诿、遮掩一部分事实、组织暧昧不明的联盟，或做尽一切几近背信弃义的事来说服选民他一心为的是大众。他为的当然不是选民，而是他自己；只不过这些政客给了自己一句合理的解释，就是通用汽车老板曾经公开说过的那句话：'只要对通用汽车好的事物，对全美国也都是有益的。'"

过去的政治人物或许可以这么做而安然无恙，可是在现在的社会，说谎话必须付出相当大的代价。最近，在中西部拥有广大听众的底特律 WJR 广播电台的一个节目中，主持人哈尔·扬布拉德（Hal Youngblood）访问了尼古拉斯·彭内尔（Nicholas Pennell），他是加拿大安大略省一家著名表演公司的一员。在节目中，彭内尔表示，没有人在电视上说谎能逃过别人的眼睛。摄影机会捕捉所有因背叛真理而闪烁不定的情绪，这也是政客觉得媒体很难缠的原因之一。就像尼克松时期的司法部长约翰·米切尔（John Mitchell）所说的，你说谎时自以为愚弄了别人，其实不然。谎言在你身上显露无遗。

今天，买卖的真实性已经成了极为重要的一环，比方说，特别是在你出售房屋或地产时。现在的法律规定，如果屋主或地主在销售时隐瞒真相，或蓄意说谎，买主可以提出控告。以前"让买主自己发觉"的方式已经行不通了——现在的状况对大家都有利。

谎言会让你失去生意、失去朋友、失去别人的信任，给你带来麻烦，损失金钱。我们都期望说谎的这些代价能告诫大家坚守诚信；基于别人的信任，为了朋友及为了自己的声誉，希望大家都能诚实无欺。

不过，我必须坦白的是，说实话可能也会让你失去朋友，损失金钱。你必须决定什么对你比较重要——是真理，还是听到实话就会弃你而去的朋友？

说实话的将军

有个典型的例子就是美国著名的将军比利·米切尔（Billy Mitchell）的故事。他年轻时对飞行很热衷，喜欢研究航空学。早在第一次世界大战前，他就警告过人们战争可能会在空中开打，并为军队争取战机，同时促请组织独立的空中武力。战争期间，为了"拯救民主世界"，在法国还被德国占领时，他就成为第一个飞越战区的美国人。

他一直都在说实话，不停地对全国人民和高层领导发出警告：若我们缺少空中武力，有可能会被打败。战争之后，20 世纪 20 年代初期，他证明了他说的话，从空中轰炸敌区，并将一群战斗人员以 20 分钟零几秒的时间送到前线去。不过人们有时似乎不喜欢听实话，特别是实话不中听时，当时的军事将领就是这种反应。即使比利·米切尔展现了空中武力的优越性，还是被送交军事法庭，剥夺官阶并暂停军职。比利·米切尔说的是谎话还是真话？他预测的另一个事实就是日本的空中袭击很可能发生在周日的早晨，当全国或至少部分人还在梦乡的时候。记得"珍珠港事件"吗？比利·米切尔的朋友遗弃了他，认为他是狂人，完全没站在他那边。他伤心地辞去了职务。不过，真理终究能得以彰显。一连串的事件证明了，比利·米切尔说的是实话。时间果然站在他这边。虽然曾因说实话而遭受罢黜，但比利·米切尔最后还是得到了少将军衔，并且荣获国会荣誉勋章（Congressional Medal of Honor），那是 1945 年的事，而他已于 1936 年去世——来不及知道自己死后 9 年才获得的荣耀。

说实话也会让你损失金钱。再次强调，你得判断什么对你比较重要——真理还是现钞？

我的背痛

我于 1947 年 1 月 3 日入伍，当时 18 岁。入伍仅 3 周，我那个部队就被派遣到一处野营区。我和弟兄们坐在 2 吨半重的卡车中，被载往 20 英里之外的野营区，随后要从该处步行回来。

去的途中我在卡车里扮小丑，一会儿坐在车尾边缘，一会儿站起来胡闹。其中有一段路的路况很糟糕，人也跟着上上下下地颠簸，突然间卡车开到一个坑里，整部车弹起来，我被抛出车外，从空中跌到地上，背部和屁股着地。

躺在路上，我感受到了剧烈的疼痛，几乎不能呼吸，也不能移动。一辆吉普车开过来，紧急将我送到军医院。我的军旅生涯就此结束。虽然很痛，但我伤得很轻，可以完全恢复，不过不适合再待在军中了。

医生把我腋窝以下到肚脐的地方缠满绷带。我不断地进出医院科室做一连串的 X 光检查、按摩和接受其他治疗。在军营里我只做些简单的工作，不能走太多路，不能提东西。

没多久我就被军医召去面谈，问我背部是否受过伤。那是个决定要不要说实话的时刻。我可以说从来没有，或许从此就能获得政府的伤残津贴。不过，我记住了苏拉南神父几年前的话，他说我们要诚实。所以我将实情告诉了医生。

是的，我的背部曾经在 15 岁时受过伤。当时我在巴布尔中学，想从游泳池的跳台翻筋斗入水。我跳得不够远，在入水的途中撞到了跳板。我的背部痛了一阵子，然后就好了。我本来已经忘了这件事。不过，即使我说谎，X 光也不会说谎。

若是当时我在军医面前保持沉默，很可能到现在还没有人知道这件事。同情以及从宽发落是他们经常对待军人的态度。我可能会得到津贴，不过这个阴影也会一辈子挥之不去。年复一年，每个月的例行检查都会提醒我我是个说谎者——每隔 30 天一次，而且越来越大声。

没错，要说实话并不容易。有时候说实话可能会令生活变得艰难。已故的玛莎·米切尔（Martha Mitchell）曾经表示，当她企图揭露华盛顿高层的真实内幕时，受到了很大排挤和威吓，被要求闭嘴；对她开的那几枪只是为了确保她会永远保持沉默。她的故事很令人震惊，而随后的事件也证明了她说的大部分都是真的。

尽管如此，如果你能不惜代价坚守诚实的原则，你终究会是赢家，而不是输家。曾经说谎的人若改邪归正，也能赎回自己的身价。耶稣的第一门徒彼得（Peter）告诉来捉拿耶稣的士兵他不认识这个人——当晚他说了这个谎言 3 次，好让自己幸免于难。不过，后来他将功折罪，最后成为罗马教堂的领袖，从此被奉为圣彼得（St. Peter）。

下面是给你的一些建议，我自己认为它们对说实话很有帮助。如果能彻底实行，就能帮助你更成功地销售自己。

应坚持的四项原则：

1. 对自己诚实；

2. 三思而后言；

3. 换一种表达方式；

4. 用宽厚来缓和实情。

应避免的四件事情

1. 夸张；

2. 替别人圆谎；

3. 要求别人替你圆谎；

4. 说"无伤大雅的小谎"。

接下来我们仔细地逐一讨论。

1. 对自己诚实。你已经学到了，要喜欢别人，必须先喜欢自己；要向别人销售自己，就先向自己销售自己。同样重要的是，在对别人诚实之前，你必须先对自己诚实。我们再来看看莎士比亚说过的话，或许你已经听过很多次，不过再听一次也无妨，因为这真是一个很好的忠告。下面是他说的，我用吉拉德的方式来解释：

"最重要的是，要对自己诚实；另外，就像夜晚紧接着白天那般理所当然，你不能对任何人说谎。"

所以，不要开自己的玩笑，或过于高估自己，不要欺骗自己。内心深处的你很清楚无法愚弄自己。没用的。当你对别人说谎时，终究会掉入自己的陷阱——谎言的蛛网——中。

然而，若是你对自己说实话，面对事实，对自己的目标、态度、能力、工作以及家庭状况百分之百地诚实，你会发现要对别人保持绝对的诚实就容易多了。

诚实就像其他许多特质——慈善、尊重他人、喜欢他人、关心别人——那样是自发的。

2. 三思而后言。这点可能需要练习，不过绝对办得到。销售员最糟糕的错误，我自己曾经犯过，就是结结巴巴。你想想，如此一来销售的效果会如何？我后来去求助心理医生，他给了我这个建议。"乔，治疗口吃有很多方式，有的人用催眠，有的人把字句录成录音带，然后跟着朗读。也有人把石头放进嘴里，通过讲话时在口中塞满石头来练习。不过我教你最简单的方法，就是等待，想说话时先仔细地想想，然后再说。"这个方法对我真的有用，我这么坚持几个月后就不口吃了。

同样的方法对训练诚实也有用。在说出口之前先仔细地想想，"我要说的是真的吗？"如果你能够诚实地回答"是"，就可以开口说出你想说的。相信我，绝对有效。你会发现自己说的谎话越来越少，特别是那些无心的谎言；更不会说出原本刻意想说的谎言。你也知道，有些无伤大雅的小谎话会不自觉地脱口而出。没多久，我们就后悔了，可是说出去的话又收不回来。如果能够做到这一点，你就会觉得很高兴，因为言语可能代表一个人。

杰克·拉兰纳曾告诉我，吃了什么东西，就会变成什么样，所以必须小心饮食，选择真正对自己有益的放进嘴里。我说这个道理也适用于说实话，不过要反转过来。言语可以代表一个人，因此必须小心检视从你口中吐出来的东西，也就是我们说的话，因为这些话语是别人心灵和思想的食物。所以，**诚实地思考之后再把实话说出来**。

3. 换一种表达方式。 借由这一点，你会更受人喜爱，把自己销售得更成功，并因为圆熟的态度而更出名。下面说的两种观点都是真的，因为我明白当事人的状况：佩姬（Peggy）在百货公司柜台有丰富的化妆品销售经验。她现在挨家挨户地销售化妆品，成绩很不理想。以前的经验似乎没给她提供多少帮助。身为业务经理，你想留住她，同时告诉她实情，以便她有所改进。别跟她说："佩姬，如果你不能改善，我只有请你走人。"虽然这是实话，先想一想——换一种方式来表达："佩姬，你的经验很不错，我们来看看有什么办法能让我们长久地合作下去。"**你说的完全是实话，同时也鼓励了她。**

如果你和我一样是汽车销售员，那么绝对不能跟客户说，他那部已用了10年的老爷车看来像打过越战；而应该说，它看起来不适合再进他的车库了。记得，对客户来说，旧车仍是他的宝贝。他不只是过来买车，也是来卖车，说得不恰当会伤他的心。你应该换一种方式，不让他有些许的失望。试试这样说："史密斯（Smith）先生，看来你的车子一定陪了你很多年，如果它已经累了，你一点也不能责怪它。我们来研究一下这位忠心的老仆人可以折换多少价值。"陪了很多年是真的，这样的表达无疑是绝对的诚实。他已经能接受以更少的代价折换这辆宝贝了。

做点练习，你经常能找到不必说谎的另一种诚实的表达方式。 当然，要说实话。如果你不能说好听的，就干脆不要说。

4. 用宽厚来缓和实情。 实话常常很伤人，不过还是得说出来。这并不表示可以说谎，只是你要修饰一下，让实话不会伤到别人的情感或是令人心碎。实话是要说的，但如果会令人尴尬那就不必了。这项原则与前一项关系密切，说实话时不仅要慎选表达方式，还要加入仁厚之情。这么做的话你会让自己变得更加有风度。

我看过很多人在许多场合销售自己时都以失败告终，原因是他们说的实话太严苛，完全没有体谅别人的感受。如果能够用宽厚来缓和一下实情，那么别人一整天都会感觉温暖，也会感受到你的体贴。

现在来看看有哪些不该做的。

1. 夸张。 夸张与谎言之间的界限很模糊。有的人吹牛吹过了头，完全失去了真实性。更糟糕的是，这种人相信自己的夸大是事实。

一旦别人开始说："你不要相信他所说的话。"这个人大概就得收拾包袱走人了。

不要玩弄真理，或者在真理的边界游走，或者添油加醋，因为那可能会导致极为严重的后果。

记得"狼来了"这个故事吗？有一天牧童心血来潮，大喊："狼来了"！其他牧羊人很快赶过来救他。当发现狼不在的时候，大家都松了一口气。没多久，牧童又大喊"狼来了"，声音更急切。愚弄其他人让他觉得很有趣，看到他们赶来解围他笑得好高兴。他告诉大家狼跑掉了。他一次又一次地说谎，每一次牧羊人都气急败坏地赶来。后来，大家开始怀疑了。

你一定知道后来发生了什么事。有一天狼真的来了，就在草场边。牧童吓得不停地大叫"狼来了"，可是没有人再相信他，没有人愿意过来帮忙。结果，那只狼享受了丰盛的一餐。

2. 替别人圆谎。 别人可能常常要求你替他们说谎，帮他们遮掩一下。千万别这么做。如果你是秘书或接待人员，这个情形可能更严重。老板会要求你怎么告诉别人，例如，"如果他打来电话的话，就说'我在开会'或'我出差去了'"。上司最不该做的事情之一，就是强迫员工替自己掩饰或找借口。这同时也是员工所面临的最困难的决定。我该替老板说谎吗？我该替朋友掩饰吗？

先试着拒绝。你会对自己的大胆和诚实感到惊讶。老板会更诧异。他可能会对你的看法有所改观并尊重你，而不会再要求你替他圆谎。但是，如果他并不是这样呢？

我的建议很老实也很直接——辞掉工作！

父母亲们，不要对孩子说谎。

还有一件事我要告诉你。替别人掩饰时，你其实愚弄不了任何人。当秘书说老板"在开会"，其实并非如此时，打电话的那个人能分辨实话与敷衍之间的差别。他知道那是谎话，秘书也明白他知道。谁赢了？谁也没有赢。

3. 要求别人替你圆谎。 如果你不希望别人说谎，就不应该要求别人替你圆谎。不要让别人进退维谷。如果你是老板，可以让秘书告诉打来电话的人，事实上你现在不希望被打扰。为什么要让她说谎，告诉别人你在开会，其实根本没有呢？要知道，说一句实话比编造一屋子的谎言容易多了。

4. 说"无伤大雅的小谎"。 这对诚实是一种伤害。听我说，没有所谓的小谎或大谎。就好比那个老笑话，没有所谓的怀孕了一点点。说谎就是说谎，怀孕就是怀孕。

你不能解释小谎无伤大雅，不能一笑而过，不能用这个来销售自己。

最糟糕的是，这些小谎在你察觉到之前，就会变成大谎。因为你不自觉地、接二连三地说谎，只为了掩饰之前说过的话，然而更有可能你忘了自己说过什么，于是让自己陷入了尴尬的境地。

以上这些就是应该注意的事情。

我从没听过有人真的因为说实话而受苦受难。不过，倒是知道许多人都因为诚实的品质而受人尊重和喜爱。

实在很难做到吗？当然。你会问我："乔，难道任何场合都不能说谎吗？"

当然可以，你可以加入说谎俱乐部，里面的人都很好玩，你可以偶尔享受一下说谎的乐趣。你知道我说的这种团体，里面的人会比谁说谎说得最好、最夸张。不过这终究是种比赛，不是生活的方式。你可以在里面说大鲸鱼、长毛狗之类的夸张谎言。这也是我所知道的说谎可以得奖，甚至举行餐会表扬，或登上报纸杂志的唯一地方。所以，尽情地说谎吧——不过要在别人会欣赏的场合。

除此之外，从现在开始，给诚实一个机会，你会发现它对你销售自己的帮助有多大。

现在就行动！

● 向自己保证，从现在开始，你会尽一切努力说实话。

● 带一张一美元钞票在身上，一个月不要花掉。在这 30 天或
 31 天里，每天早晨都拿出来看看乔治·华盛顿的头像。告
 诉华盛顿，你会跟他一样不说谎话。

● 说出口之前先仔细想一想，你确定那是实话吗？

● 说实话——但是要说得宽厚一点。

● 不要扭曲事实，不要夸张。

● 记住，小小的谎言和怀孕一点点是一样的——你愚弄不了任
 何人。

第 10 章

承诺的力量

"公众人物很快就会知道，他们的好名声建立在信守承诺之上。"

这是密歇根州韦恩郡巡回法庭的迈伦·H. 华斯（Myron H. Wahls）法官所说的话。韦恩郡位于密歇根州东南边，环绕着底特律。它的人口众多，事实上其人口数已足以使其成为美国的第 51 个州。自然它也拥有庞大的选民群体，而巡回法庭的法官就是由他们选出的，任期 6 年。

华斯法官是我的好朋友，他不需要像州长或参议员一样"竞选"。这个法官的职位超越党派，站在真理和公正的立场为民众服务，完全没有机会像候选人一样发表演讲，或是上台批评谩骂。法官不做"我会减税"或"我答应修路，建学校及沟渠，或充实精神层面的大众设施"这类承诺。华斯法官向所有民众承诺的是，他会维护法律的公正。相信我，他的承诺绝对算数。

不过，华斯法官曾经有过竞选经验，他曾经主持过全国司法部。

如果他决定出马角逐密歇根州的司法部部长，肯定会当选。他有足够的资质，其中包括西北大学（Northwestern University）的法律学位。

他坐在巡回法庭中法官的位子上，就像诗人罗伯特·弗罗斯特（Robert Frost）所说的，他对人民和自己有"承诺要履行"。

华斯法官的办公室就在市政厅大楼第 19 层法庭的后面，可以俯瞰底特律河——这片世界上最繁忙的水域，还可以看到新落成的地标——复兴中心大楼。

他是这样说的："**如果你觉得自己没有办法履行承诺或遵守约定，一开始就不要许下承诺。**"其中的道理很清楚，也很实在。华斯法官相信，"承诺就是要履行的，我可以想出半打以上令我印象深刻的人，他们都践行了这个道理。也就是说，他们许下承诺，但更重要的是，他们会付诸行动。"

他有许多机会会见信守承诺的人。因为他对社区的贡献令他声名远播，常被邀请成为重要董事会或委员会的成员。不过，他通常都是自愿的，也就是说，虽然是别人来邀请他，不过他会仔细考虑这些请求，并自问如何才能使自己做出最大的贡献。他会深思自己要许下并践行哪些承诺。只有当他认为自己能履行诺言时，他才会同意别人的邀约，因为他知道名誉的建立与破坏往往取决于是否信守了承诺。他相信信守承诺的能力会成为人格及个人声誉的重要部分。

他有一种能力，即可以很敏锐地判断出哪些人是能够完成事情、推动计划的。他发现，这些人通常都是信守本分、实践诺言的人。他还发现，这些坚守承诺的人在生活的其他方面也都很成功。

华斯法官说得一点也没错。不论是担任监护家长、义勇消防队成员，还是像迈伦·华斯任职委员会处理更广泛的公共事务，信守承诺都同样重要。对家人、朋友、邻居守信和对市民、州民守信是一样重要的。你承诺的对象或理由可能不同，但是努力去完成诺言的目标是不变的。

"我认为，不论是男人还是女人、男孩还是女孩，都对别人有责任。这个责任通常是指许诺并践行。这些责任可能是养家、教育子女、找到并维持一份好的工作、维系成功的婚姻、保持学业成绩优良、照顾病人或老人。"这些话可以浓缩成：在华斯法官的观点里，你不只是要许诺，还对它有义务。他自己常觉得亏欠周围的社区某些东西。这一哲学得自他的母亲，她教给了他给予和分享的道理。他认为，自己所受的教育、所获得的经验，还有他的时间，都应该跟别人分享。分享就是他对自己和别人许下的承诺——借着这个承诺，他得以回报他从别人身上得到的。

他认为，人们为他做的许多事（帮助他、资助他学费、劝告和鼓励他）都是他无以偿还的债务，除非他能替别人做些事情，贡献出自己的力量。

就像他所说的："别人对我的许多承诺都已经做到，我试着实践对其他人的诺言和约定，以作为些许的回报。"

对这句话的诠释，最好的典范当属这位杰出的法官许诺维护司法公正，使正义得以伸张。这可不是简单的工作。裁定判决时，结果总是有人满意，有人不满意。法官不只是坐在长椅上，裁决每一桩递到他这儿的案子。不过这个工作的确给了华斯法官一个机会把他所得的经验综合起来，与别人分享。

比如，他"指示"陪审团的方式就是很好的例子。他原本可以使用一些艰涩的法律用词，让大家完全摸不着头脑，包括我在内。可是他并没有这么做。法律往往很难理解，不过他遵守了 KIS［Keep It Simple（将之简化)］的老法则，使陪审团和法庭里的所有人都能理解。聆听华斯法官指示的过程是一个很好的经验，他告诉陪审团该怎么做，何者应该列入考虑，何者不该。他总是在审讯的结尾，让每个人都能轻松简单地明白。他通过实践诺言的方式来执行这份分享经验和知识的工作，履行了让法律适用于所有人、为所有人所理解的诺言。

"我坚信，法律是一种解决问题的方式，"他说，"而如何扮演好法官的角色也反映出我对自己以及对人民所许下的承诺"。

迈伦·华斯法官是我所知的信守承诺的最佳典范之一。他以许多方式向每个人销售他自己，不过最确定的是，他是一个值得信赖的人。成功存在于承诺的力量之中，他就是最好的例子。

承诺：衡量真诚的标准

有人跟我提过一本书（我还未读过），叫作《唯利是图》（*The Hucksters*）。内容是关于一位广告人员拼命想给别人留下好印象。他就像你和我一样，向别人销售自己。他很小心地选择衣着，把皮鞋擦得闪闪发亮，然后还系了一条他称之为"真诚"的领带。

问题就在这里，没有所谓真诚的领带、真诚的西装或皮鞋，或真诚的帽子这回事。唯一能表现真诚的是你这个人。

真诚的人最主要的特质就是他具有信守承诺的能力。

如果你想要成功地向别人销售自己，就永远不能违背自己的诺言。永远不能。信守诺言的人对自己说出口的事情绝对当真。这种人是你无须质疑，百分之百能信任的。

我认识一个年轻人，他在附近一家汽车经销商的服务部门工作。他的职责是在客户把车开过来保养时填写维修订单。好，维修订单也是一种承诺。这个维修的承诺不但是要提供客户要求的整修，而且"不能超过合理的价格标准"，"除非客户授权，否则不做多余的整修"。担任这个职务的人必须承诺"贾维斯（Jarvis）太太，你的车4点以前可以修好"或是"梅森（Mason）先生，如果车还没好或者有什么问题，我会打电话给你"。

这些都是很简单的承诺，不过这个年轻人却常常没办法遵守。可能他答应了客户，车子却还没弄好，或者，他忘了打电话通知客户。没多久，他的真诚便遭到了质疑。别人听进去了他的话，却发现那是空谈。客户对他和他任职的服务部门失去了信心。他的自我销售失败了，而他重要的服务事业也跌落谷底——更别提以后销售新车的目标了。

有一天他和我共进午餐，把麻烦事全告诉了我。"乔，我的处境不太理想。我肯定要被炒鱿鱼了。"

"出什么问题了，亚历克斯（Alex)?"其实我清楚其中的原因，只是我要问问他。

"我这张嘴给我惹了不少麻烦。我答应别人的事情却没有做到，等于搬起石头砸了自己的脚。"他把详情都对我说了一下。

我一边吃着火腿和瑞士面包，一边告诉他如何重建真诚的名声，以便改善目前的情况，挽救他的工作。"亚历克斯，"我说道，"我要求你做到两件事，我要你确切地执行 **30** 天。"我提供给他的两项原则是：

1. 不论付出什么代价，都要强迫自己准时履行承诺。除了你自己以外，没有人能强迫你。

2. 以后许下任何承诺之前，都要先仔细思索。问问自己："我真的能做到吗？"

他想了想这两项，然后拿起左手边的纸巾，把它们记了下来。写好之后，我对他说，"30 天后，我要你告诉我发生了什么。"我也警告他第 1 项是最难做到的，但还是要尽全力做到，因为他是在履行当天或前一天，甚至上周许下的承诺。而第 2 项原则能确保他不再为承诺所苦。"事前仔细想想，亚历克斯，然后才说出你确信自己能完成的诺言。"

吃过饭之后，我告诉亚历克斯，若是能遵照我的建议，会产生四个结果：

1. 事先周密的思考能避免事后的尴尬；

2. 不必再道歉或找借口；

3. 别人会知道你说话算话；

4. 你的真诚形象自然显露无遗。

一个月后，他向我汇报。他看起来很快乐，完全没有烦恼。"我遵照了你的指示——那两项原则。你真是对极了。客户们说我守信用，他们很欣赏。还有人叫我'真诚佬'。如果维修进度落后，我打电话通知，客户还会向我道谢。我们接到的维修订单越来越多。不过，你说会产生四个结果不太对喔。"他笑着说。

"哦?"老实说，我很惊讶。

"其实产生了五个结果。第五个就是服务部门的经理说他对我很满意。我的工作不再岌岌可危了。不错吧?"

三思而后言

我给亚历克斯的建议是很中肯的。你可以自己试试看。不论是重要的承诺还是小小的承诺，像答应在某个时间和某人碰面，或打电话告诉太太6点到家之类的都适用。事前先想想，要确保你能做到自己说出口的话。

我们常常不假思索地许下承诺，而承诺是我们太常做的事，以至于常常不小心说漏了嘴。或许就是因为我们太常挂在嘴边，才觉得那是很容易做到，不需要思考的事。许下承诺前，先想想时间和机会。

- 妈，我保证 12 点以前到家；

- 爸，我会加满无铅汽油；

- 星期六我一定还你，我保证；

- 今天我要给蒂姆写信；

- 你的衣服今天 5 点之前可以洗好并熨好；

- 我把周四空出来，用于解决你的问题；

- 孩子，你成绩单上每得一个"A"，我就给你 1 美元；

- 继续努力工作，汤姆，下个月你就会发现薪水提高了。

试试这个。立刻拿笔写下这一周你记得的自己许过的承诺。要诚实。然后在你办不到或根本不想办到的事情旁边画钩。如果画钩的事项很少，就给自己一个奖励的星号，你算是优等生。如果你和大部分人一样，你就会感到很尴尬。把这张纸贴在你每天看得到的地方，让它提醒你做得更好。

你也想做得更好，不是吗？因为假使你真的想把自己销售给别人（你的上司、你的同事、你的女朋友、你的男朋友、你的老师、你的学生、你的父母、你的小孩、你的邻居），就要努力信守诺言。如此一来，你的自我销售就会容易许多。

为什么？因为"我保证"是全世界最有力量的三个字。

承诺是一种契约

为了进一步加深你的印象，我要告诉你，说出来的话就像是定好的契约。你是在画线的地方签名。承诺就是一种合约。它不应该被认为只是 IOU（借据）。我们都知道 IOU 的价值还不如用来实际写它的那张纸。所有的合约都是义务。人们订立契约，常常可以爽约或用钱买回来，不过这并不容易办到。同样，说出口的承诺也不容易买回来。这就是为什么三思而后言很重要。

最具戏剧性的例子可能是（即使现在已经有了崭新的道德观）婚姻的契约。

婚姻的契约是一种承诺。如果你已婚，你一定记得当你站在牧师、神父或律师的面前时，他们问你是否接受身边这个人成为你法定的妻子或丈夫，不论贫富，不论往后的情况如何，不论健康或病痛。而你认真地保证，"我愿意"。

在这种时刻最常听到的音乐，除了《婚礼进行曲》之外，就是《哦，答应我》这首歌了。

我常想，为什么人们如此轻易地许诺，轻易地接受别人给他们的承诺？可能是看了太多的榜样。从小我们都看到了周围人的例子。父母、师长以及哥哥、姐姐们必须做个好榜样，因为孩童会学习他们看到或听到的事物。如果父母亲或师长是守信重诺的人，那么孩子们必然也是。

孩提时，我母亲所承诺的一件事给我的印象十分深刻——直到今天我仍然乐在其中。我母亲是全世界（除了我太太以外）最棒的厨师，小时候每到圣诞节，她都会做一种西西里的小饼干，叫作比斯卡提（Biscotti）。那真是你所能尝到的最美味的饼干。每次到了假期，她都答应做这种饼干，而且从来没失信过。

长大之后，假期一到我就回想起儿时的情景。我告诉妻子圣诞节找回了比斯卡提的回忆。我已故的妻子虽不是西西里人，但仍会笑着说："乔，我来帮你做做看。"第二天，我就忘了，但是一个星期后我走进家门，突然间好像又回到了 8 岁。我闻到的味道让我瞬间年轻了40 岁。琼果然做了比斯卡提。她从没失信过。

能够履行承诺是多么美妙的一件事！

不过成人的世界里，太多事情多多少少都和政治扯上关系，使得我们对承诺感到怀疑。遗憾的是，公开的承诺多数出自政治人物之口。这个例子很适当，因为政治就像生活中的许多事物，如性、婚姻、工作、娱乐、学业、身体和心理的健康，都是这本书的一部分。

著名的专栏作家悉尼·哈里斯曾经写道："因为金钱而腐败的官员数量只是为了想连任而腐败的官员数量的 1/12，这些人为了讨好选民什么话都说得出来。"天啊，为了得到选票而许下承诺！

另外一位享誉中西部的专栏作家贾德·阿内特（Judd Arnett）也说："这就是美国政治一团糟的原因。无所不用其极地扮演某种形象，当选后没多久，立刻做出和原先承诺完全不同的 180 度大转变。"

事实是，以长远的眼光来看，如果政治人物不能信守诺言，就不可能连任。他不能信口开河，向人民承诺根本做不到的事。可是现实中却有许多例子让年轻人模仿。无怪乎大家对承诺半信半疑，无怪乎人们觉得承诺很容易说出口，也很容易打破。不过我们要吸取政治上未能信守承诺的教训。比方说，市长或州长答应减税，后来却发现"竞选支票"无法兑现，此时他应该负起责任向人民说"我很抱歉"。我把电影《爱的故事》（*Love Story*）里那句有名的台词（信守承诺是永远不必说抱歉的）改了一下。

有一首歌里的男主角没对女主角说"我很抱歉"，也没送给她玫瑰花，因为他说："我本来就没承诺过给你一座玫瑰花园。"

除了事先想清楚外，另一项简单的法则也能让你不致失信于人：

让对方知道（通过电话、写信或当面告知），你必须用另一个承诺取代原先那个。比方说，本来答应在某个时间内将货物寄送出去，结果却发生了无法预料的状况——器材或零件坏了，那么你就该做这个简单的动作——打个电话解释。

如果你能致电说明——"我知道我答应过明天早上 9 点跟你见面，不过我得处理分公司的紧急状况，可不可以另外约个时间?"——总比全然失信好得多。**解释你的处境会带给别人温暖的感觉。不遵守承诺则使你的真诚遭受质疑。**

你只有一次机会，一旦违背了自己的诺言，就无法令对方像以往一样看重你的许诺，你销售自己或你所代表的任何东西的行动也就宣告失败了。有一位汽车销售员一年前就因自己的失信而后悔。他的某个客户即将有一段时间的假期，打算把新车当作度假时的交通工具。这个客户还在佛罗里达州订好了度假房间，日期定在买车的 7 周之后。这个销售员不假思索地向他保证，7 周之内肯定交车以及所有配备。结果那个客户等了 11 周才拿到。这么一来他损失了 4 周的假期。更糟的是，他发现销售员早就知道车子不可能在 7 周之内准备好。

你想想这个销售员后来在这个客户身上还能做成几笔生意。你的答案是对的。

履行约定非常重要，《圣经》中提到以色列子民的家乡是"上帝许诺的幸福之地"。你能想象如果摩西（Moses）带着大队人马到了埃及，却发现上帝失信于他的子民，会是什么样的后果吗？

如果你想象得出来，那么当然也不难揣摩，当你失信时，别人对你会有怎么样的看法了。

你是不是曾经答应出差回来要带礼物给孩子，却忘记了？还记得你告诉孩子你忘了时，他脸上失望、受伤的表情吗？或者你并非为人父母，那你还记得小时候老爸告诉你他忘了时，你的心情吗？

最后要强调的是，我们会发现，如果能先学着对自己守信，那么践行对别人的承诺就比较容易。你知道我说的是什么：你答应自己，如果打破业绩目标就让自己休一个星期的假；你向自己保证每天多打 3 个电话开发客户；你答应自己将每天摄取的热量降到 1 200 卡路里，并减轻 20 磅的体重；你向自己保证不再乱发脾气，不再唠叨不休。

有时候我们没有履行的重要承诺就是给自己的承诺。所以这么办吧：从现在开始，信守对自己的承诺。等一下——先仔细想想，你确定能办到。好，向自己承诺之后，把它写在纸上。把这张纸折起来，放进口袋，带在身上 10 天。换衣服时，记得把这张纸也拿出来。女士们，请把纸条放在皮包里；孩子们，请把纸条放到牛仔裤里。

记住，10 天。每天都拿出来好好地看一看。10 天适用于短期可以实现的目标，比方说替邻居烤个柠檬派，只要带着纸条 1 天就可以了。重点是，要实践诺言以后才能把纸条丢掉。

用这个方式尝试履行两三个你自己许下的承诺，你很快就会发现，信守对自己的承诺其实是一种挑战。不知不觉中，你会发现对别人的承诺也在帮助你进步。

承诺是帮助你实现自我销售的一种强大力量。事业的成功、婚姻的成功、家庭的成功、人际关系的改善、更懂得享受生活，这一切都能来自你对承诺的履行。

信守承诺能让别人对你建立信念和信心。失信则会粉碎别人的信心，甚至令人心碎。

被履行的承诺会闪闪发光。

现在就行动！

- 向自己保证，你会尽一切努力履行对别人的承诺。
- 把承诺写在纸上，随身携带。

- 那是你与自己订立的契约，因为承诺就是一种契约。

- 做出承诺之前先想清楚。问问自己：你能遵守这个承诺吗？

- 如果你发现因为某些无法预料的因素，你很难履行承诺，那么要让对方知道，然后视情况修正你的承诺。

第 11 章

微笑的魅力

微笑含有感情的成分。它能照亮天空，能振奋精神，能改变周围的人，也能改变你。**用微笑很容易就能销售自己**；若少了微笑就是个苦差事了。

我所学到的关于销售自己的初步事项之一就是：你的脸不只是用来吃东西、清洗、刮胡子或者化妆。它其实是用来表现上帝赐给人类的最伟大的赠礼——微笑——的。用来表现？一点也没错。皱眉时用到的肌肉比微笑时还多。

皱眉时用到的肌肉越多，你从别人那儿所得到的"肌肉"也越多。不过如果你送出了微笑，10 个里面大概只有 1 个会得到与别人同样的回报。

在我的办公室里，贴着一条小小的标语，我整天都能看到它。上面写着："我看到有个人脸上没有微笑，所以我就给了他一个。"我不知道这句话是谁先说的，我把它拿来用时也并不感觉抱歉，我甚至希望能当面赞美说这句话的人，因为它让看到这句话的每个人都微笑了起来。

或许这也是许多写歌的人要常常歌颂微笑的原因。他们说："当你微笑时，全世界都跟着你微笑……把烦恼全都收入行囊，笑吧，笑吧，笑吧……那里有能让你快乐的微笑……让微笑充当你的雨伞……你应该微笑，用笑来填补，微笑……而当爱尔兰人的眼睛对你微笑时，会把你的心也偷走。"

对于最后这一句，我有意见。不管是意大利人的眼睛在微笑，还是德国人的眼睛、西班牙人的眼睛、英国人的眼睛、俄罗斯人的眼睛、希腊人的眼睛，或任何人的眼睛在微笑时，都会有同样的效果。没有任何一颗心不被偷走的。

给微笑很高的评价，对吗？为什么不呢？就像我说的，**微笑可以抚平自我销售路途中的颠簸；而生气却会让你掉进洞里**。

让我来告诉你有关微笑的魅力的一些正面例子。

那个微笑的女孩让我眼前一亮

许多年以前，当我还是 17 岁的时候，我和一个朋友一起约女孩出去玩。当时做了很典型的安排：他的女朋友找了另一位女朋友陪我（随便抓来的）。任何人（男人或女人，男孩或女孩）只要曾经被当成相亲的对象，就能立即体会到那种紧张：约会的对象长得怎么样？我们会产生火花吗？我要怎么去适应情况呢？

那是多年前的一个晚上，我们开着朋友的车到那个女孩的家里。在门口按了几下喇叭，我相亲的对象就出来了。第一眼瞄她时，我觉得她是有史以来最丑的人。真难看。我的心情立刻跌到了谷底。

但是，当这个女孩坐上车，她的女朋友向她介绍我时，她立刻露出了灿烂的微笑，把车子都点亮了。在那次约会的前 60 秒里，她变成了我见过的最美丽的女孩。整个晚上她一直保持着微笑。她的眼睛、声音、性格里全都是微笑。那次相亲带给我前所未有的乐趣。

虽然我被她的微笑迷惑，注意不到其他事情，但她的确用微笑打动了我。她用微笑销售了自己。一直到今天我都还记得。

微笑是真正的问题解决专家

克劳狄欧·卡罗·布塔法瓦（Claudio Carlo Buttafava）和我一样是个意大利人，他还是伦敦著名的萨沃伊饭店（Savoy Hotel）的总经理。这家酒店已经有近 100 年的历史。布塔法瓦对于这间拥有 400 个房间的酒店每天所产生的问题都能很有效率地加以解决。

如果你知道萨沃伊饭店一年到头有各式各样的人住进来：国王、皇后、电影明星、歌剧演员、高尔夫球员、运动员、将军、部长以及总统等，你对布塔法瓦的工作性质就会有所了解。

你可以想象到，每天一大堆琐碎的细节通常代表着一大堆的问题。身为总经理，布塔法瓦要监督数量庞大的员工，从侍者到面包师傅，从女佣到音乐表演人员，他必须扮演问题解决专家的角色。下面是他所说的话，是我从《纽约时报》（*New York Times*）中摘录下来的。他的方法很简单，他的忠告对每个人都很有用。

"我经常微笑，"他说，"我的个性就是这样。用微笑可以避免所有，或者至少 90% 的问题发生。"

现在，你可能会说："等一下，这太容易了吧，不可能光微笑就能解决问题。"我说你也可以，因为布塔法瓦学到了，解决问题的最好办法是一开始就避免它们发生。而**真心的微笑，不论是别人看到的，还是从你的声音中听出来的，都是很棒的见面礼**。事先销售自己可以避免问题的产生。

微笑永远不会令人失望

另一个"声音里的微笑"的例子（也是很有名的例子）就是吉米·蓝斯（Jimmy Launce）。吉米是底特律都会区最受欢迎的 DJ 之一。事实上他的知名度已经跨过了底特律的边界，因为他任职了 20 年的 WJR 广播电台是中西部最具规模的。吉米的声音不仅传遍了密歇根州，也传到了宾夕法尼亚州、俄亥俄州、印第安纳州和伊利诺伊州。多次有听众从遥远的南方写信给吉米——这个声音里包含微笑的人，告诉他他们听了他的声音和节目，他们能通过广播看见他的微笑。

这是真的。听着他愉悦、无忧无虑的声音，似乎可以看见点亮吉米脸庞的微笑。也有许多人有机会目睹吉米的庐山真面目，包括我在内。

吉米不只是品味出众的监制，也是很好的演员。他在许多戏剧里出演角色并获得了好评，如《私生活》（*Private Lives*）、《能屈能伸大丈夫》（*The Prisoner of Second Avenue*）、《俏冤家》（*The Owl and the Pussycat*）、《地狱中的唐·璜》（*Don Juan in Hell*）、《不要喝水》（*Don't Drink the Water*）、《四季之人》（*A Man for All Seasons*）、《我们的镇》（*Our Town*）以及《晚餐的约定》（*The Man Who Came to Dinner*）等。

当他在舞台上没有戏份时，他喜欢走到观众面前，套用一句广播术语，"把人们带动起来"。由于他的观众大部分是他的听众，他会笑着听他们说："你看起来也不像我想的那样嘛！"不过，这并不是听众常对吉米说的话。他说，在演出后的鸡尾酒会中，他最常得到的评语是："吉米，你的微笑和我在收音机里听到的一模一样。我本来以为看到本人会失望，结果一点也没有。"

微笑永远不会让人失望。有人问吉米，为什么他总是如此开朗。他的秘诀就是不把自己的烦恼告诉别人，而且经常对别人表示高度的兴趣。"我的工作是娱乐大家。"他在这个高度竞争的行业里获得成功并非侥幸，他就像他节目的主题歌一样："我有张快乐的脸。"他在声音里放进了微笑，来配合他与生俱来的天赋和多年的经验。他笑着说："微笑时别人会更喜欢你，而且会让你感觉很愉快。不花一毛钱，得到的报酬却是蓝筹股票所无法给你的。"

吉米·蓝斯——微笑魅力的见证。

熔化钢铁的微笑

不久前，多莉·科尔（Dolly Cole），某届通用汽车总裁的妻子告诉我，"乔，我是今年 March of Dimes（一种募款活动，募款人走一英里路，捐款人就捐一美元——译者注）的主席，我们邀请了许多名流来帮我们助阵。希望你也能加入我们。"

虽然我并不认为自己是个名流，不过我告诉她我很荣幸能帮忙。然后我提出了一个条件："好的，多莉，如果你介绍你丈夫埃德（Ed）和我认识的话。"我想这是很合理的要求，毕竟我是因为卖他的车而有了更好的职业生涯。多莉笑着同意了。

我永远不会忘了那次的场面。当多莉真的向埃德介绍我时，他正和脱口秀主持人菲尔·多纳休（Phil Donahue）在一起。她事前曾向他提起过我，因为他转向菲尔说："菲尔，这位是乔·吉拉德，全球第一的汽车销售员。他就是让我的生产线动起来的人！"

有什么比这种开场白更好？只有埃德能做到，因为他随即跟我握手，给了我一个灿烂的笑容。那个笑容如此温暖，我相信钢铁也会被熔化。

其实他根本无须向我销售他自己。严格地说，他当时是我的"老板"。不过他还是以微笑掳获了我的心，他也是用同样的微笑，在世界最大的汽车公司里不断地创造成就。我们后来成了朋友，并一直保持友谊，直到他于空难中猝逝。

完成交易的微笑

几个季度以前，在底特律的科博中心（Cobo Hall）举办了一场大型的船只展览会，科博中心是经常用来办车展的场地。很多人去那里参观、比较，并采购各式各样的船只——从小船到豪华的游艇都有。

在船展的某一天，一笔大买卖失掉了——不过又捡了回来。下面就是当时的故事，我同事告诉我的和底特律报纸商业版报道的完全一样。

从中东石油国家来的一名富豪到了展场，他停在场内最大的展示台前，很平静地跟业务员说："我想买价值大约2 000万美元的船只。"这应该足以令人张开双手欢迎了吧——你心里会这么想。可是那个业务员却看着他的客户，一副见到了疯子的模样，好像他是来占用他的宝贵时间的闲杂人等。他的脸上没有一丝笑容。

这个石油商看着销售员毫无笑容的脸，走了。

他到了下一个展示台，一个脸上挂着表示热忱欢迎的微笑的年轻人招呼他。那个微笑就像沙特阿拉伯的阳光一样。富商立刻觉得很自在，这全是因为上帝赐给我们的美好赠礼——微笑。所以他又说了："我想买价值大约2 000万美元的船只。"

"没问题，"第二位销售员说道，脸上仍然挂着微笑，"我把我们所有的产品介绍给你。"他照着做了，不过他早就先销售了自己；他在卖别的东西之前就先卖出了全世界最棒的产品——他自己。

这一次石油商下了订单。他付了 500 美元的定金，告诉销售员：
"我喜欢那些喜欢我的人。你用微笑向我销售了你。你是这里唯一让
我感受到被欢迎的人。明天我会带支票来把 2 000 万美元付清。"

这个石油商说到做到。第二天他带了支票簿，把 2 000 万美元付
清了。交易完成。

这名以微笑销售了自己和船只的业务员，据说能拿到交易金额的
2 成的佣金。他可以从此清闲了，不过我敢说他不会闲坐家中。他会
继续销售自己，一路微笑地迎向成功。

至于那个没有笑容的销售员，没有人知道他现在在做什么。

你和我都知道，要达成一笔这样的交易靠的不只是微笑。还要有
好的产品，销售员必须具备产品知识和专业训练，更要有愿意提供协
助的心态。事实是，脸上缺乏微笑的销售员把准备要采购的客户拱手
让人。

有多少笔产品、服务或人员的交易都是因为这个原因而失去或得
到的？好好想想。

在船只展览会上发生的事恰好证明了我放在办公室的一首短诗。
我不知道是谁写的，不过我想与读者分享。诗的题目叫《做好生意》
（*Good Business*），其中有一段是这样写的：

人们走过这个门口

停在那个情有独钟的门口

不是因为那个忙碌的地方

有更好的丝绸、手套、花边或是更好的价格

而是因为里面有令人欢愉的话语和微笑的眼睛

只要时间、场合恰当，一个简单的微笑就能创造奇迹。

如果你想让自己有更多笑容，可以遵循下面七项简单的法则。每一项都会让你在任何情况下更容易地销售自己。

如何创造更多微笑

1. 即使在不想笑时也试着微笑；

2. 只把积极的想法和别人分享；

3. 用整张脸来微笑；

4. 彻底反转你的愁容；

5. 训练你的幽默感；

6. 大声地笑出来；

7. 不要说"Cheese"，而要说"我喜欢你"。

虽然这七项法则很简单，不过若想熟练地运用也需要练习。我们简单地就每一项讨论一下。

1. 即使在不想笑时也试着微笑。我把它放在第一项，因为它大概是最难做到的。所以你应该先从这一项开始。告诉你自己，不论你内心真正的感觉是怎么样的，是很不高兴还是很忧愁，都不要让别人看出来。把你的麻烦留给你自己，让别人相信你当时很愉快，因为别人问"他到底在笑什么？"总比他们说"他有权利把脸拉得长长的"要好得多。销售自己时，让别人猜测总是比较好的。

世界上最有名的一幅画，达·芬奇（Leonardo da Vinci，顺便提一下，他也是意大利人）所画的《蒙娜丽莎》（*Mona Lisa*），在巴黎的卢浮宫展示。这幅画以女主角唇边的神秘微笑而闻名。数个世纪以来，人们一直在问："为什么她要微笑？"没有人知道答案。那为什么每年还有成千上万的人去欣赏这幅作品呢？不只是因为艺术家，也不是因为它曾数次被窃，从框中取下来，但又很幸运地被找回；不是因为其中所用的色彩和绘画技巧，更不是因为画中的女主角。全都不是。而是因为人们被那个微笑深深地吸引。

这是一种很好的做法，让别人去猜测——最好的办法就是不想笑的时候脸上也要挂着微笑。你最不想笑的时候其实也是你最应该笑的时候。常有人说，蒙娜丽莎之所以微笑是因为很伤心。如果这是真的，那么至少她没有让别人发现。

2. 只把积极的想法和别人分享，甚至要散播出去。微笑，就如同许多具有正面价值的事物那样，是会传染的。在你微笑的时候，别人会认为你的心情很好、很愉快。很快他们就会跟着你笑。如果你老是把一些消极的念头挂在嘴上，是不可能有笑容的。践行这项法则时，要记得几件事：只把好消息散播出去；不要再讨论报纸上充满罪恶和暴力的故事；相反，谈谈周围发生的好事情；做一些能让别人快乐的事，不要令别人沮丧；如果你不能说说别人的好处，就干脆闭上嘴。

当你开始和别人分享积极的想法时，就会发现微笑出现了，好像培根配煎蛋那么自然。说到煎蛋，就像有首歌中说的，把有太阳的那一面朝上吧。

3. 用整张脸来微笑。一个美丽的微笑不只是牵动嘴唇而已，还得笑开了眼，鼻子皱在一起，脸颊也高耸起来。好的微笑应该是完整的全貌，让人看了就开心，想不报以微笑都很难。

全密歇根州的人都知道，前任州长威廉·密立肯（William Millkin）那个"百万美元笑容"的魅力。他的脸充满光彩。当然，要赢得选举不能只靠微笑（他 1978 年参选州长时得到了密歇根州有史以来最高的票数），不过威廉·密立肯知道微笑的帮助很大。没有人能像威廉·密立肯一样，用他真诚、灿烂的微笑温暖密歇根州的寒冬。他的笑容充满了整张脸，激励了人们，使得民众信任他。

另一个满脸笑容的人是罗伯特·宾斯菲尔德（Robert Binsfield），他自己大部分的成就都归功于微笑。罗伯特担任工作室里 5 小时课程的讲师。每隔 8 周他都会面对一群新学生，这些销售员积极地想学会自我销售，同时卖好他们的产品。

在第一天的第一个小时的课程里，这些学生不确定自己该对整个课程抱有什么期望，因为这对他们多数人来说都是全新的课程。有的人觉得不太自在；有的人心存疑虑；有的人急着想了解情况；也有的人担心被要求发表意见。我从没看到过有谁能比罗伯特更快地安抚学生，他用的是开朗的笑容。他的微笑似乎在说："相信我，要对我有信心，我是你们的朋友。"他立刻温暖了学生的心。他在开始授课之前，就已经用微笑销售了自己。罗伯特和他的微笑着实替我的工作室加了分。

4. 彻底反转你的愁容。这么做的话，取而代之的就是微笑。不过，这也是需要练习的。

弗兰克·贝特格（Frank Bettger），《我是这样从销售失败走向销售成功的》（*How I Raised Myself from Failure to Success in Selling*）一书的作者，他说自己年轻时是个抑郁的人，极度忧郁，愁眉不展。他也知道如果不加以改正，这种心态就会阻碍他去做他想做的每一件事。他的孩提时代充满了贫穷、饥困和不幸，照他的说法，实在没什么微笑的机会。他说，事实上他的家庭甚至害怕微笑，或表现出快乐的样子。他变成了一个闷闷不乐的人。

后来他想，如果想要成功，就必须改变心态，克服把烦恼和困境加诸自己身上的性格特质——愁眉不展、忧郁的心境。他决定要换上一个大大的、快乐的笑容，彻底反转自己的愁容，发自内心地、真诚地微笑，反映出内在的喜悦和目标。他要做的不只是换张快乐的脸，还得先把原来的苦瓜脸去除。

这实在不是件容易的事。每当弗兰克恐惧或烦恼时，笑容立刻消失。恐惧就像皱眉头一样，和微笑是无法相容的。不过他还是继续努力。每天起床后，他都会练习微笑 15 分钟。进办公室、房间或某个场所之前，他会想一些足以微笑的理由，想些快乐的事，然后就把愁容转化成微笑了。当然，久而久之微笑就成了他的一种习惯。他努力使自己快乐，结果有了一张快乐的脸。努力保持微笑也营造了内心快乐的感觉。最后越来越多的好事降临到了他的事业、社交和家庭生活中。

弗兰克·贝特格说：**"你可以借微笑来培养快乐的心情。**试着实践 30 天。给你遇到的每一个人最灿烂的微笑，看看你的外表会变得多么不同，感觉会有多好。它是我所知道的去除烦恼、获得新生的最好的方法之一。"

彻底把你的愁容反转过来吧！

5. 训练你的幽默感。如果你认为自己没有幽默感，那就错了，每个人都有的。你必须承认，你和别人一样，听到好笑话时都会很开心——我指的不是那种有色笑话，或取笑别人的笑话。我是指正直有趣的好笑话。

你对这些笑话的反应越大，就越能训练自己的幽默感，也就笑得越开怀。这并不表示你得会说笑话——有的人天生就是没办法说笑话（你知道的，那种在鸡尾酒会上把气氛搞砸的人）。你只需要将自己的情绪释放出来。如果你已经听过某个笑话，千万不要扫别人的兴，把嘴巴闭起来，微笑地听完。试着体会幽默的情境，适当地做出回应。更不要借取笑别人来达到效果，因为嘲弄别人一点都不有趣，而且经常伤害别人——不管别人对你怎么说，他们还是不喜欢被嘲弄，特别是年轻人。下面有两个训练幽默感的很好的建议：（1）别人开你的玩笑时，一笑置之；（2）要和别人一起微笑，不要嘲笑别人。

6. 大声地笑出来。如果说微笑很有魅力，那开怀大笑就具有超级大的魅力。把微笑扩大，用声音表现出来就成了大笑。你是否注意到了笑声的传染力有多强？到电影院去看个喜剧片就知道了。有些观众会先开始笑，然后就有人跟进，很快整个剧院都爆出了笑声。之后你可能会在自己家里看到同一部电影的同一个场景。或许你会对同样的笑点报以微笑，或"咯咯"地笑，不过私底下的大笑总是困难一点。

大声地笑也需要练习。下次你微笑的时候，试着发出"咯咯"的笑声。而当你想捧腹大笑时，别忍住，笑出来。你会乐在其中，别人也一样。大笑是世界上最好的运动之一，对身体有无穷的好处。笑到肚子痛时其实一点伤害也没有。没有人因为大笑而受过伤；相反，**我们还能用开怀的大笑来销售自己**。说到这里我立刻想到了两个人：菲莉丝·迪勒（Phyllis Diller）和卡罗尔·钱宁（Carol Channing）。花一分钟想想看，你会得到更多。

7. 不要说"Cheese"，而要说"我喜欢你"。照相机被发明出来之后，摄影师想捕捉对方的笑容时，总是会说"请您说'Cheese'"。"Cheese"这个词只不过是要带动微笑的嘴型。

据我所知，"我喜欢你"这句话能让人笑得更开心。

演讲时，我有时候会做这个小实验。我会邀请两名听众上台。在告诉你这个实验以前，我先来说说我都是怎么开始销售汽车的。我知道大部分买新车的人都有点恐惧，因为他们是在做生命中最大的投资，仅次于房产。他们准备要花一大笔钱，当然有充分的理由感到紧张。他们需要让自己放松下来。

所以，我做的第一件事就是微笑，然后交给客户一个上面写着"我喜欢你"的大领扣。客户看了不到两秒之后，就会开始微笑。我做的事让他感到愉快。他已经开始放松，感觉舒服点了。

　　你知道，大声地说"我喜欢你"，或把它写出来给别人看时，自己很难不微笑，也很容易得到别人的微笑。

　　从汽车销售这一行伸出更多事业触角之后，我发现"我喜欢你"的技巧也同样有用。所以有时我在演讲中也用上了。就如我刚才说的，我会请两名自愿的听众到台上来。

　　我给两个人每人发一个面具戴上，这两个面具一模一样、完全没有表情。然后我问台下的人，这两个人哪一个比较和善。答案是一样的：两个都不和善，因为面具上没有表情，令人无法选择。

　　接着我让台上的人把面具摘掉。现在讲台上出现了两种不同的性格、两张不同的脸。我让其中一个将双手交叉在胸前，皱眉，沉默不语；另一个则张开手臂，微笑地对听众说"我喜欢你"。

　　然后我问大家："现在，你们对哪一位比较有好感？"答案也总是相同：他们选择微笑地说"我喜欢你"的那一个。

　　"没什么嘛"，你或许会说。不过我接下来要做的事立刻拉近了我和听众之间的距离。我要求大家面对面，跟对方说"我喜欢你"，大声地说一两次。在这么做的同时，他们的微笑立刻像探照灯一样，点亮了整个演讲场。

　　说"我喜欢你"是最简单的微笑方式。我们国家每年有运动周，我觉得也应该有"我喜欢你"的微笑周。

　　以上就是 7 个简单的法则，试试看。

　　还记得那句全国家喻户晓的话吗？"笑一个！你上了真实镜头秀！"——这是艾伦·方特（Alan Funt）著名的电视节目，原来的节目名称是"真实麦克风"。

如果我们都保持随时会上"真实镜头秀"的心情来生活，世界会变得多么美好——我们的自我销售将会多么成功！既然我们不确定是不是上了镜头，最好还是微笑以防万一吧！

让人捕捉到你的笑容是件很美好的事哦！

现在就行动！

- 在纸上写下这些字，放在你每天看得到的地方：我看到有个人脸上没有微笑，所以我就给了他一个。

- 每次看到别人脸上没有笑容时就要这么做。

- 试着在问题发生之前就用微笑来化解，至少它能让小问题不至于扩展成大问题。

- 练习在声音里加入微笑。最简单的方式就是说话的时候保持微笑。别人虽然看不到你，却听得到声音里的笑意。

- 站在镜子前，练习用整张脸来微笑。用眼睛来微笑，拉开你的嘴角。一开始你或许会因为觉得很傻而大笑出来。如果真是这样，那就太棒了。

- 用微笑来欢迎每个人。

- 实践"创造微笑的 7 个法则"。它对自我销售的助益会让你惊讶不已。

第 12 章

做个走两英里路的人

"如果有人强迫你走一英里路，你就走两英里。"

——《马太福音》(*Matthew*) 第 5 章第 41 节

这是《圣经》中我最喜欢的段落之一，不只是因为它是耶稣在山上美好传道的一部分，同时也是因为它很中肯，对人们有所助益。

强迫，就像经文说的，是个很强烈的字眼。在现今的美国社会，不太可能有人能强迫你做任何事。所以，我这样解释它：如果任何人要求你走一英里路，就跟他走两英里。在别人要求之前主动去做，就更好了。

想要成功地销售自己，做的就要比别人要求的还多。加倍付出，去帮助别人，伸出你的手来。这样的伸展对你只有好处。

波浪舞的故事

有比伸个舒服的懒腰更美妙的感觉吗？把整个身体向上拉，伸展你的脊椎，用脚指头支撑你的身体，让压力从头部、肩膀、背部释放出来，这样你就全身都放松了。你帮了自己一个大忙，似乎又变成了一条好汉。

提到"波浪舞"（seventh-inning stretch），我想没有一个美国人会不知道。这就像棒球比赛少不了花生和饼干、热狗和啤酒、两队的连续战，还有指定代打。

看球赛时我做的波浪舞比任何人都大。而我看过的最棒的伸展动作，就是皮特·罗斯（Pete Rose）从二垒扑向三垒，或是从三垒回本垒时的动作。那不只是伸展，还是非常漂亮的滑垒。皮特因为这个额外的努力而成为主要棒球联盟有史以来最高薪的球员。

销售自己的秘诀之一在于，学习如何去做波浪舞的伸展——向上、向外伸展的大动作。你必须让它成为生活中的一部分，不论是在工作、家庭、学校还是整个生活中。

有位大学生来找我，姑且称他为拉尔夫（Ralph）。他说："乔，我上历史课时总感觉和全班格格不入。我好像是个旁观者。"

"你是想把自己销售给同学？"我问道。

"我想你可以这么说。"

"还有什么更好的说法？你是世界第一的学生，对吗？告诉我，谁不想买你这个产品？"

我们边走边谈。我很快就发现拉尔夫的问题不在他老师的身上。他的成绩很好，因为学习对他来说很轻松。不过他觉得对同学来说，他就像是个陌生人。他已经跟他们在一起半个学期了，却彼此很少交谈。一问之下，我才发现他在其他课堂上也遇到了差不多的情形——

生物课、英文课、政治课。我知道拉尔夫很害羞，他觉得在他和别人之间有一道墙隔着。我们之中又有多少人有这种感觉呢？

"伸展。"我告诉他。

"什么？"

"试试波浪舞的伸展。"他看起来很迷惑，我便接着解释。我要他做的不是伸展自己的身体，而是向外伸展心灵的触角，以一种截然不同的心态——走两英里路的心态。我要他延展自己对别人的观点，一天一点，去触碰周围的生命，那些和他一起生活、一起学习、一起玩乐、一起分享希望和梦想的人。

拉尔夫觉得他跟别人没有接触。我告诉他，"除非你伸出手，否则碰不到别人。接触是需要伸展的，而且那是一项很好的运动。"

我还告诉他，或许他也必须跟着别人走两英里路。比方说，同学请他帮忙研究一个小时功课，或考试前请他挪出一个小时来解答问题，就大方地给同学两个小时。或者，当老师征求自愿者上台报告时，我建议拉尔夫努力克服他的害羞心理，自愿上台。老师会很惊喜，同学们会感到惊讶，更重要的是，拉尔夫也会对自己的勇气感到惊讶。同学们会对他有兴趣。他就能成为班上的一分子，而不是旁观者。

"然后，"我又说，"试着和班上的某个人接触，谈谈历史以外的东西。感觉会很棒的。"

拉尔夫似乎不太确定，"那我要怎么做，乔？"

"问问别人的爱好，"我建议他，"或者问他喜欢看什么书，问他喜欢哪一类的电影。一起分享你们喜欢的事物——而不要分享烦恼。把伸出自己的触角当作在跳波浪舞。另外，多走一英里路。如果别人请你在顺路的地方放他下车，不要怕麻烦，别管顺不顺路，载他到家门口。这是消除你和同学间那道无形的墙最好的方式。"

这个建议对每一个人都很有好处。你是一个孤立的人吗？你很害羞？你常觉得置身事外？或者在别人和你之间有道无形的墙？还是生活像快速旋转的木马，让你毫无机会抓住铜环？自我销售遇上了麻烦？你永远都抓不到木马的铜环，除非你伸出手。就像诗人说的："向无助的人伸出双手，你的孤寂就此结束。"

多走一英里，多付出一些心神，多停留一会儿，都是伸展触角的好方法。你越伸展自己，越能带给别人好的影响。基本上这就是成功的自我销售所包含的意义：影响别人，消除隔阂。

后来拉尔夫接受了我的建议。他说，自从他试着多走一英里路，试着做波浪舞的伸展，他就根本不必费力去推倒这道无形的墙，轻轻松松地它就不见了，他把自己销售出去了。

正面回报的结果

走两英里路是要你从自己的路径中走出来，把事情做得更快、更好。得到的报酬往往很真实，可能会体现在你的薪水提高或者职业升迁上。除了在工作上感到更骄傲之外，你个人的满足感也通常比金钱或别人的肯定更有价值。

有时候你得到的报酬在于，你的心灵得到了充分的锻炼，就好像多走了一英里路，全身的肌肉都舒服了一样。伸展你的触角是心灵和精神所能得到的最好的锻炼。

有时候报酬是来自别人的惊讶、快乐与感激。某次有位邻居跟我提到另一个邻居，"吉拉德先生，住在对面的那位凯莉（Kelly）太太人真是好！当她知道我的车进厂保养时，我根本没要求，她就主动坚持要载我到商店去。"我并没跟邻居提起这件事，不过我倒是要告诉各位，这个凯莉太太销售了她自己。

盲人或老人被搀扶过马路时，我们都看到过他们脸上感激的神情。即便不是男童军，你也可以日行一善，且不应该期望获得回报，但是回报自然会来到。做个走两英里路的人，意味着无须别人开口，你就能付出自己。

有时候，正面回报的结果会表现为逐年增加的快乐。婚姻就是最好的例子。没有什么事情比婚姻更需要多走一英里路了，两个人必须彼此妥协，做些额外的付出：一个意料之外的贴心小礼物；在对方需要时给予鼓励；多一点温柔；晚回家时打通电话，以防另一半担心。妻子琼和我有一段维系了 28 年的快乐婚姻，因为我们常常伸出彼此的触角，为别人多想一些。很多婚姻之所以破碎都是因为没有谁愿意多走一英里路。

有时候你得到的报偿是别人的体谅。在很多情况下，你走的是相同的距离，多出来的一英里路是体贴和设想。走自己的一英里路，站在别人的立场走他的一英里路。"如果你想了解他的感受，就穿着他的鹿皮靴走走看。”当富兰克林（Franklin Roosevelt）患了小儿麻痹症时，埃莉诺·罗斯福（Anna Eleanor Roosevelt）开始以丈夫的立场多走一英里路。她比任何人都明白那种身体上的折磨会伴随他的余生。

要站在别人的立场来设想，不妨参加酗酒者座谈会，听听别人对生命的看法。

有时候走两英里路的报偿是顺畅的呼吸，它能帮你销售自己。赛跑者（跑步在今天已经成了最普通的运动）都知道剧烈运动时阶段性调息的重要性。我不是跑步者，也不打算参加马拉松，不过发生在我身上的事确实能证明这一点。

我曾经受到底特律北郊一家俱乐部的邀请，帮他们在为期一天的拍卖活动中募款。在这个每年一次的活动中，当地的商人、运动员或广播电台、电视台、报纸的名人都会来帮忙拍卖当地厂商赞助的东西，这些拍卖品通常具有实用价值且颇为昂贵。

我和米基·洛力克（Mickey Lolich）一组，他以前是底特律老虎队的当家投手，现在加入了圣地亚哥教士队（San Diego Padres）。每一组可以轮流上台半个小时，设法把所有东西卖出去，从运动用品到音响，从 T 恤到迪士尼乐园之行。

半个小时实在很短，所以动作要快。整个会场挤满了人，而且一整天都是这样。我站在旁边等着与米基一起上台。在等待的时间里，我发觉我前面的那组拍卖人员缺了一个。他的搭档得自己上阵，很累人。那时心里有个小小的声音告诉我：“去啊，乔，去代替那个没来的人，这对你又没有害处，更何况你需要练习。”我来不及想到多走一英里路的念头，根本没有时间。

在这额外的半个小时里，我的搭档是底特律的记者弗雷德·吉拉德（Fred Girard），和我没有亲戚关系。他负责台上的工作，我则负责台下。我卖力地叫喊，"快点，还有谁出更好的价钱……替孩子们多募点钱!"我和弗雷德搭档的半个小时很成功，不过我也累坏了。我接下来得和米基·洛力克重来一次。然而多走一英里路的法则并没有让我失望。不知不觉中，我刚刚额外付出的小小力量已经被群众认同。我重新上阵去，结果呢？多走一英里路使我得以顺畅地调息，我不再觉得疲惫，也不用大声嘶吼。喊价越来越快，也越来越高。如果说有任何回报的话，那就是我的第二个半小时比第一个还要成功。完成任务后，米基脸上的表情好像他刚投入了一场完整的比赛，而我则觉得比刚开始时更有活力。

最妙的是人们的反应，他们掏出更多的钱。看，每一次我们付出额外的努力，就给世界增添了一些美好。竞标者帮助了儿童。

买卖才刚开始

多走一英里路的人，杯中永远不会空。他越是想倒出来，杯子就会盛得越满。所有额外的付出，俯身去帮助别人的心意，不论多么微小，都不会徒劳无功。

这就是为什么多走一英里路的人都有最棒的生活哲学——这个哲学也使我在销售生涯中得到了许多回报。

　　许多销售员都认为，交易完成的那一刻就代表一切结束了。那就大错特错了，其实买卖才刚刚开始。销售员和客户的关系应该像长期的婚姻关系一样。重复的生意，是成功的加分项。不论是卖家具、房地产还是家电用品，其中的道理都和卖汽车一样。销售自己也是。许多销售员在交易完成的那一刻，扼杀了重复做生意的机会。很悲哀，不过事实的确如此，因为他们忘了那才是买卖的开始。

　　我常说，**我不只站在我卖的车后面，我也站在它们前面**。那表示客户最先"买"到的是我。如果你也是某种产品或某种服务的销售员，客户最先"买"的应该也是你这个人。道理如下：当你站在产品前面时，就表示你介于客户和他所买的东西之间。交易完成后，你变成了他的朋友——事实上你应该努力这么做。

　　人买到的东西可能会出现机械故障，比方说汽车。或者在制造的过程中有瑕疵，比方说一套衣服，可能有哪里不对或不合身。解决机械故障可能需要时间。衣服上的瑕疵可能也无法立即被发现。不过人性就是这样，任何故障或瑕疵都可能会使客户很不高兴。他到经销商或店里来时可能会掀起风暴，准备把人给卷进去。

　　我看过有些销售员，一见到客户在交易完成后气冲冲地跑来，就会说"讨厌的家伙来了"，然后躲起来，例如，躲到洗手间或从后门溜走，要别人替他们挡驾。他们尽一切可能避免直面客户。

　　或者，他们有时候会直截了当丢给客户一句话："从后门走出去，向左转，进右手边第一间办公室，找维修部门的芬尼根（Finnegan）先生。这是他的问题，不是我的。"

不管当时你是为了躲避客户还是为了推卸责任，你都在那一刻结束了长久的生意关系。其实那才是长久生意开始的时候，假如你能多付出一些的话。

由于我是"站在我的产品前面"，所以我不能躲避。相反，我会多做些额外的努力以显示我的诚意，替客户解决问题，设身处地站在客户的立场来考量，虽然我并不会立即获得佣金。我会微笑地说："詹宁斯（Jennings）先生，你有维修方面的问题吗？我来处理。我会回去跟维修部门的经理反映。你不必担心了。"然后我会实践我的承诺。

前面已经说过承诺的力量了，所以我有什么好损失的？或许只是10 分钟的时间，在别人眼中，这个 10 分钟我可能一事无成。错了，我挽救了一笔生意。

有时候为了走额外的一英里路，我会为一笔生意付出小小的金钱。你或许会发现，新车有种种很好的保证，不过其中并不包括前后轮的定位。所以，每次在交易完成后，我都会提醒客户："贝茨（Bates）先生，我想你有可能在路上会碰到凹洞，造成前轮定位不准。由于我很重视你这笔生意，我愿意提供一次免费轮胎定位的保证。"这项保证并没有花我多少钱。不过很多销售员会对我说："乔，你疯了，你根本没有必要这样做。我就不会这么做。"真伤脑筋，但我的付出的确一次又一次地从顾客那儿得到了善意的回报。

欣然走两英里路，而不是只走客户要求的一英里路，这种心态不断地把客人带回来给我。所以在我的业绩中有 65％都是靠回头客完成的，是他们让我成为第一名。

做个走两英里路的人不但可以达成交易，还可以维系生意。它们对销售商品或服务很有帮助。想想看，如果你也用这种心态来销售全世界最棒的产品——你自己，会有多大的助益。

当别人认为你很愿意伸出友善的手——不论他们是否要求你——时，你就能很容易地反复自我销售，因为你也成为品质最好的产品了。

要成为一个走两英里路的人，你必须下决心改变自己，改变你的态度。如果你能遵守下面这些法则，你就会越来越顺利，更成功地销售自己。

多走一英里路的十项成功法则

1. 如果你是销售员，每天多打一通电话给潜在客户，或者两通；

2. 下班后付出一点工作时间，或者上班前早一个小时到达；

3. 主动做些对办公室、家里或公寓有用的事；

4. 送一个小礼物给你认为特别的人，即使没有任何理由也没关系；

5. 送个小礼物给对你来说并不是那么特别的人，那会让他们开始觉得自己很特别；

6. 不嫌麻烦地去帮助别人，当他最需要你的时候，你就伸出援手；

7. 每天至少称赞一个人；

8. 分担别人肩上的重量，而不要成为别人的负担；

9. 如果你还是学生，多花一点时间在书本上，你会学到东西的；

10. 替某人或因为某个原因做些事，不要求任何回报。

还有更多方式都是多走一英里路的表现。像个兄长一样照顾别人……自愿为某个委员会服务，即使你似乎没有很多空闲时间……积极参加男童军或女童军……替眼盲学生朗读书本……献血给红十字会……向球队或组织的新成员伸出欢迎之手……探望生病的人……当小联盟球队的裁判……做医院里的义工……烤个派或蛋糕送给邻居……自愿替负担不起的人看护小孩……不要只把一边的肩膀借给人倚靠，两边都借给他。

总而言之，让自己在生活中更加投入。把你的伪装都卸下。记住一点：坐在原地是无法多走一英里的。

现在就行动！

- "如果有人强迫你走一英里路，你就走两英里。"把这段《圣经》经文抄在一张卡片上，放在皮包或皮夹里，每天都拿出来读一下。
- 做"波浪舞"的伸展，每天向别人伸出你的双手。
- 每天起床后重复三次："我越是帮助别人，就越能对人们产生好的影响。"
- 开始试着设身处地为别人着想。
- 实践 10 项多走一英里路的成功法则，并一直坚持下去。结果会令你感到惊讶。

第 13 章

年轻人的自我销售法

本书适合所有人阅读，不限年龄。不过**本章却是特别针对年轻人**。

谁才算是年轻人呢？我指的是高中生、大学生或刚踏入社会的人。

很多年轻人似乎认为，超过 30 岁就会走下坡路。很快他们就会体会到，那并非事实。不过在本章我要谈的的确是年龄在 30 岁以下的人——不论是男性还是女性，也不论是已婚还是未婚。

年轻人向别人销售自己似乎格外困难，因为他们感觉到，年长的人会——

　1. 不听他们说话；

　2. 不把他们的话当真；

　3. 认为他们太过理想化；

4. 认为他们太激进；

5. 认为他们都还乳臭未干。

许多年长者对于年轻人有错误的看法（他们一下子就忘了自己也曾经年轻过），就像年轻人也会误会他们一样。年轻人和生活中其他角色的群体一样，也有形象的问题，必须通过很努力地自我销售才能向别人展示年轻人的真正形象。他们的真正形象是什么？

1. 年轻人野心勃勃，充满活力和动力；

2. 年轻人想在世界上替自己寻求一个安全的地方；

3. 年轻人满脑子都是新观念、新想法、新希望和新梦想；

4. 年轻人会想给世界"点一把火"——这并没有什么不好。

身为年轻人，你有许多实现自我销售的机会。

学生必须向老师自我销售。他的表现会反映在他的成绩，甚至整个未来上面。

运动员必须向他的教练、队友以及运动场上的观众自我销售。

儿子或女儿必须向父母或另一半的父母自我销售。

军中的年轻人必须向他的同僚和长官自我销售。

年轻的夫妻一直都在向彼此自我销售。当其中一方不再这么做时，蜜月期就结束了。

然而，最具挑战性的大概是年轻人第一次或头几次面对职场时的自我销售。你知道那种感觉。在第一次面谈中，求职者和招聘单位会评估彼此的条件，这时候你突然间明白了超级销售术的重要性——没有它就糟了。可惜的是，很少有年轻人，无疑也包括你在内，懂得如何做好这项工作。

刚出高中或大学校门的年轻人，除做过兼职工作及暑期工作，比方说送报，在超级市场促销，停车或洗车，做临时保姆、救生员或夏令营辅导员之外，并没有什么工作经验。上面这些工作只是一小部分而已，年轻时赚点"外快"的方式多得数不清。

工作，是做过——那在劳动市场某个特定领域的经验呢？那就完全没有了。所以，你要销售的重点应该是你的学习能力和积极争取机会的精神。

有些年轻人找到了踏出第一步的方法，因而成功了。但有些年轻人把机会搞砸了，只好从错误中吸取教训。我会把他们的例子一个个举出来。这些经验显示了年轻人在自我销售时所应遵守的 8 个法则。

"年轻人自我销售"的八个法则

1. 为自己还年轻感到高兴；

2. 设立较高的目标；

3. 做一个年轻的"旋风人"；

4. 弥补经验的不足；

5. 把感觉隐藏起来；

6. 注意自己的用语；

7. 随时睁大你的眼睛；

8. 持之以恒。

我们一个一个来讨论。

1. 为自己还年轻感到高兴。 首先你要停止这个想法：自己年轻，所以成不了事。年长者总会认为你脑力一枯竭就出去闲逛。我告诉你，你有每个人都羡慕的东西——年轻。现在很多企业都想雇用年轻人以培养他们日后成为管理人员的能力。

相信我，你是别人想争取的对象。年轻并不是障碍，也没有什么好克服的，时间很快就会解决一切问题。年轻是你很好的卖点。好好地加以销售，告诉每个人，你为自己的年轻感到高兴，你可以跟任何年纪的人愉快相处——小孩、其他年轻人、中年人，还有老年人。你的青春和活力会传染别人。比你年轻的人会向你看齐，年长者会因为你的出现而觉得自己变年轻了。

一个人被雇用后通常必须和别人共事，而不是自己做自己的，因此，了解如何与人相处就很重要。你要庆幸自己还年轻，可以敞开心扉——去喜欢别人，向别人学习，并听听他们的经验。

年轻人自我销售最好的一种方式就是**接受自己年轻的事实并为此感到高兴**。我知道，我们这里某条街上有一个小女孩，她卖的女童军饼干总是比其他队员多。当然，大人不准她挨家挨户地去销售，因为她太小了。所以，她的姐姐们（都满 17 岁了）会陪着她一起去。这个小女孩一贯的销售手法是这样的："我在卖饼干，我今年 11 岁了。我爸妈觉得我还太小不能卖饼干，不过我很高兴我的年纪还很小。如果我长大一点就没办法来卖饼干了。到时候我就得像我这些姐姐一样，陪着我的妹妹一起去。真是奇怪。"

她卖了很多饼干。别问我为什么，这种方法就是有用。

要为自己的年轻感到高兴。

2. 设立较高的目标。替自己设定高目标。很多人在学生时代花了很多时间和精力去参加运动、玩音乐或当临时保姆赚钱。这有时导致了他们学习成绩差——得到很多 C，而不是 B 或 A。如果你也有这样的情形，不要想着混过去就好。把成绩提高，同时也不要牺牲重要的课外活动。这样做表示你有设立高目标的能力，你想在所有领域中都有杰出的表现。千万不要上当，未来的雇主还是会注意到你的成绩，并以它们作为衡量你的指标。

安·克罗（Ann Crowe）是密歇根州立大学（Michigan State University）的一名年轻学生，她努力地用功以确保成绩名列前茅，课余时也在姐妹会的厨房工作，负责准备食物和点菜。她在修学位的同时，也在学校里的许多委员会任职。她引起我的注意是在那个礼拜，刚好是她去一家大公司面试的时候。她就像校园里的一团火球，每天都积极地销售自己。

她有很高的目标。密歇根大学（University of Michigan，本州另一所优秀的州立学校）学生服务处的副处长汤姆·伊斯霍普（Tom Easthope）说［是由《底特律自由新闻报》（*Detroit Free Press*）记者苏珊·福里斯特（Susan Forrest）采访的］：在校园里的每一个班级都可以找到风云人物……他们的社交能力很强……（而且）研究显示，这些人后来在事业上的成就要比一般人高。

他说得对极了。

设立高目标，然后全力以赴，让成绩保持高水准，用各种方式向别人销售自己，这样在往后的事情上就能成功——还有，我发现，在婚姻和家庭关系上也会很成功。

3. 做一个年轻的"旋风人"。洛厄尔·托马斯曾经称我为"旋风人"。以我的年龄来说，这实在是很棒的赞美。但不要等到我这把年纪才开始，你要**从现在起做一个年轻的"旋风人"**。

我所听过的年轻的"旋风人"的最好例子就是史蒂夫·斯皮维（Steve Spivey）。他只有 20 岁出头，还是密歇根州动物学院的研究生。列出史蒂夫的简单经历会让许多人喘不过气来。我们来看看这位年轻的"旋风人"的行程表（同样也是《底特律自由新闻报》记者苏珊·福里斯特所报道的）。

"从史蒂夫·斯皮维小办公室墙上挂的东西就可以看出他是一个什么样的人。他以研究助理的身份在这个办公室里做学生咨询顾问，月薪 500 美元。"

"墙上有张奥莉维亚·纽顿-约翰（Olivia Newton-John）的海报，一张'Go State'的贴纸，还有一张亚伯丁安格斯种的母牛和小牛的海报，上面写着：'人，就像赛跑机器一样，只有在输出全部动力时，才是最佳状态。'"

"斯皮维把自己当作一部机器来安排他的步调，他是选举大学校长委员会的成员，一周花 20 个小时在上面……每天下午在办公室接受咨询，同时还参加咨询指导委员会、研究生学会和学生会。"

"这个月（11 月）底，他将领到 75 头牛，在未来的 9 个月里亲自饲养、屠宰并试验，以便写他的关于牛增重的硕士论文。"

"史蒂夫有个朋友最近批评他不够专一，他自己也同意。他的方式是多样化的，另外一位朋友说：'这就是史蒂夫。'"

"有些时候，事情似乎多得做不完，我不禁怀疑自己是不是会精疲力竭。事实上我推掉了几个委员会的工作，因为我认为时间不够。"

我发现，这些年轻的"旋风人"似乎能比别人找出更多时间来销售自己。年轻人精力充沛，所以年轻的"旋风人"应该做得更好。现在就试着做个年轻的"旋风人"吧。怎么做呢？把你所有活动的时间表排出来，然后切实地照章实行。每天早晨提早半小时起床，晚上晚半个小时上床。**好好利用闲置的时间**。在浴室里也可以学习。我认识一个人，他不论走到哪里——公交车上、火车上、飞机上或地铁上——都带着书。他告诉我："这样我才能把所有想读的书读完。没错，我有时候会错过公交车站或地铁站，必须走几条街回来。那有什么关系呢？我的脑子得到了运动，我的双脚也是。走回去的这段路对两者都有好处。"

把史蒂夫·斯皮维和其他人的例子记在心里。从现在开始做一个年轻的"旋风人"吧！

4. 弥补经验的不足。年轻人经常问我这个问题：

"没有经验，没有工作资历，我要怎样才能找到工作？"

很明显，你必须用其他东西来弥补这方面的不足。我们都听过一句话："你知道什么不重要，重要的是你认识哪些人。"对于想打破"缺乏经验"这层障碍的年轻人来说，这句话有时候是最好的捷径，而且没有必要为它感到羞耻。

一位专门从事高中及大学生就业咨询的人事主管说得很直白："认识人也是有成本的，"他告诉我，"年轻人想进入某家工厂或某家公司，最好的方法之一就是认识在里面工作的人——朋友或亲戚。"

"虽然听起来有点像'娶老板的女儿可以少奋斗 10 年'，但它自有道理。许多资深且受敬重的员工会去问上司，是否愿意和他的儿子、女儿、侄子或侄女面谈。上司通常会很高兴，因为老板们觉得，公司里的人所认识并推荐的人选一定不会令他失望。"

所以，不要迟疑，通过这种途径可以弥补你经验上的不足。不久前，底特律一家大型家具店打出了这个广告："你有个叔叔在家具业。"换句话说，在这家店里，自有朋友会照顾你。

同样，找第一份工作时，这样的做法也有用。我来告诉你有关琳达（Linda）的例子。她还未满 25 岁，但已经挨家挨户地销售一种全国知名的化妆品达 6 年之久。她做得很成功。不过，她高中刚毕业找工作时很辛苦。她的优势只有两点：当过 2 年高中啦啦队的队长，以及迷人、率真的性格。她听说有个化妆品的说明会，这对她来说是全新的领域，不过还有其他 30 名竞争者。琳达的阿姨也在同一家公司上班。这算是一种助力。于是阿姨替侄女说了些好话，琳达就得到这个机会了。她同时也被安排参加短期培训课程，之后就上阵了。结果她做得很成功。

"工作了几周之后，我开始把人脉关系也用在销售上，"琳达告诉我。"从取得工作机会到销售产品，我都用上了这一点。我会坐在客人家的客厅里，坦白地告诉她，说真的，我从来没做过什么家务事，但是住在街尾的吉登（Giddons）太太说，我卖给她的这种护手霜很好用。你认识她吗？不妨去问问她的看法。"

琳达是在让吉登太太（她认识的人）帮助她销售。这很成功。

但是，也有人说："我没有能够帮助我的朋友或亲戚。我没有内部的助力。你能给我什么样的建议？"

当然。这个例子是另一个年轻女性告诉我的。鲁思（Ruth）最近在一家卡车公司在俄亥俄州的总部担任打卡员。

"我不是等到毕业那天才开始找工作，"她说，"我在毕业的 11 个月前就开始找了。我把自己想去的公司挑出来，把申请书寄去——其实只不过是一封信。我并不认识公司里的任何人，所以我把信寄给办公室的主管。其中一个主管也是女性，她寄给我一份申请表。我填好之后又寄了出去。"

"然后在学校的最后一年里，有四五次我写信或打电话告诉主管们，我快毕业了，我已经准备好替他们工作，我想让他们知道这一点。我让他们随时都注意到我。结果，在那一年之内，我和那个女主管变成了朋友。毕竟她一整年都会想到我。毕业后要开始工作时，我对她来说不再是个陌生人，于是这家公司跟我说：'来吧。'"

鲁思证明了自我销售的方式。试着找几家公司的主管试试看，你很快就会发现，他们在帮你销售了。

5. 把感觉隐藏起来。学习隐藏你的感觉，除了你的热忱和自信之外。一个年轻人告诉他如何失去了一个报社销售经理的工作。

"我搞砸了，"罗杰（Roger）告诉我，"因为我失去了冷静。我身体很壮，身高 6 英尺 2 英寸，体重 200 磅。和我面谈的那个人很矮，而且他似乎很在意自己的身高。他一直说些高个子的坏处。我不喜欢听这些话，所以很快地我也不喜欢他。我完全被他激怒了，可能还表现在脸上。我没有得到那份工作。我很确定不是我的体型问题，而是因为我不能对他的言语漠然处之。他把我看得清清楚楚。"

记住，当你在找工作时，重点要放在工作上。或许你不喜欢面试者的发型、服装或政治立场，或他讲得不好笑的笑话。忘了这些。别把你的感觉表现出来，不然会搞砸。

6. 注意自己的用语。我指的不是脏话。你必须让自己和未来的上司具有相同的"波长"（从本书前面第 7 章，你已经了解到它的重要性）。

兰斯（Lance）这个年轻人因为讲了一些年长的面试者听不懂的街头俚语而失去了工作机会。"是我把自己除名的，"兰斯告诉我。"我去应征一家木材公司的店员。那个年长的面试官问我从哪儿得知这个公开面试的。我告诉他：'那只猫告诉我的。'"

"猫？什么猫？"

"'那个人。'我说。我实在不应该跟他说这个。他的年纪比较大，和我成长的时代不同。我想他把我定位成另一个群体，只因为我的用词不当。真糟糕。他认为我这种人无法担任出纳员，他无法放心地把金钱托付给我。他甚至连我的申请表都不接受。"

在我们这些美妙，但有时有些许混淆的语言中，"cat"不一定代表毛茸茸、四只脚的动物，"dog"也不一定代表人类最忠诚的朋友，"cool"也不一定代表冷静。所以，当你在工作面谈时，要确定他跟你讲的是同一种语言。

7. 随时睁大你的眼睛。求职时要保持警觉。很多人都会在办公室里摆一些对他们具有特殊意义的东西，如照片、奖杯、模型、花等。在桌上摆放或在墙上挂家庭照可以让你知道对方大概是家庭型的人；摆放奖杯或者奖牌则表示这个人对运动很感兴趣，而且可能非常喜爱竞赛；如果摆放的是船、汽车或飞机的模型，则表明了这个人的嗜好或兴趣；摆放花或盆栽也可以给你许多信息，如果你懂得仔细观察的话。

我认识的一个年轻人在面试时注意到面试官在办公室墙上挂了一张小联盟棒球队的照片，壁架上还摆了几个小联盟的奖杯。

"我坐下之后，面试官先随口问了我平常的兴趣是什么。我很确定他的兴趣和我一样。我告诉他我注意到了他的奖杯，我自己也曾经替我小弟当过小联盟的裁判。他立即就对我产生了兴趣。于是面谈有了好的开始。当我们谈到工作（那是一份销售书籍的工作）时，我说我想跳脱既定的圈圈，做点有挑战性的工作。他说他可以给我提供一份外地的工作，换句话说，派我到城外去。我可以接受。于是我得到了那份工作。我在进入他的生活圈（棒球）的那一刻，就已经立于不败之地了。"

因此，随时睁大你的眼睛。在你周围可能有线索告诉你面试者的喜好及兴趣。

8. 持之以恒。最近有个 20 岁左右的年轻人告诉我，他如何向一家制造金属板的公司自我销售。公司制造导热管、传热器，以及其他定做的供住宅或商业大楼用的金属器材。这个年轻人是我以前在建筑业工作时的同事的侄子。

罗伊（Roy）刚从高中毕业，似乎没兴趣继续读大学。他想靠自己的双手赚钱。他认为他高中时在实习工厂已经学到足够多的谋生技能了。

他打电话给那家公司，公司说没有空缺职位。罗伊表示愿意做任何事——在船务部门工作、开卡车等，只要能让他踏出第一步。不过公司说，还是没有空缺职位，人事变动不大。

罗伊还是要求了一份申请表，交出申请表，并要求面试。人事主管简短地跟他谈了一下，但仍然告知他没有空缺职位，而且他们要找的是有经验的人。

这是老掉牙的情况了。这个公司要经验，可是如果每一家公司都不给机会，年轻人怎么能得到经验？

由于缺乏经验，罗伊知道他必须销售他自己——他的热忱、他旺盛的精力以及愿意努力学习的态度，他保证会成为一个可靠、忠诚的员工。

于是，他对人事主管抽空和他面谈表示感谢并离开了那家公司，开始实施他的策略。一个星期后，早上 8 点他又来到这家公司，要求跟那位人事主管见面。

"我知道你很忙，我只耽误一分钟。我刚好经过，想问问看是否有空缺职位了。"

又隔了一个星期，罗伊还是在早上 8 点准时出现。他只是碰巧经过，想问问看——"年轻人，很抱歉。"

罗伊就这么持续了 6 个星期。每周一的早上，同样的时间，他就会出现。他只要报出姓名，总机人员就知道了。门口的警卫看到他时频频摇头：这孩子不晓得自己一点机会也没有吗？人事主管开玩笑说，每周一早上他可以拿罗伊来对时。他开始对每个部门的主管提到这位"我的年轻朋友"。最后这甚至变成了猜谜游戏——罗伊会不会出现？

罗伊决定要打破原来的模式，这才会让人更加注意到他——并想雇用他。他要做一些出乎意料的事。所以，第 7 个星期的早晨，8 点前的几分钟，人事主管打电话给每个部门的主管，叫他们把表对好时间。罗伊随时都会到。"你得帮我跟这小子说，"机械部门的主管说，"他真有毅力。"

可是 8 点过了。罗伊没有出现。人事主管变得烦躁，比平常多喝了几杯咖啡。罗伊居然会出乎他们的意料。9 点钟，电话铃响了，是罗伊打来的。

"很抱歉，"他告诉那个人事主管，"我的车子在路上爆胎了。我得自己换轮胎。再过几分钟我就到了。"然后他在对方还来不及反应时就把电话挂了。

罗伊如约出现了。机械部门的主管笑逐颜开。人事主管给了罗伊一杯咖啡——还有一份工作。这是 2 年前的事。罗伊现在是这家公司最棒的员工之一。他的毅力得到了回报。

　　另一个成功的故事是关于一对年轻人 15 年前以毅力来销售自己的例子。我认识其中一个——李·斯凯尔顿（Lee Skelton），另外一位则只有耳闻——查克·莱斯利（Chuck Leslie）。

　　我的朋友李刚从军中退役。他和另一位朋友到福特公司在密歇根州迪尔伯恩的工厂找工作。他们连续两个星期在每天早晨 6 点钟前往，想排在第一个。

　　"每天早上，"李告诉我，"当守卫在 8 点半打开门时，他就说：'今天没有工作机会。'可是他还会注意到我和我的朋友站在那儿。他看着我们，似乎在想，我们不该在这里浪费时间。到了第三个星期，他告诉我们同样的坏消息之后，他再也忍不住了，他指着我们说，'你们这两个孩子，到这儿来！你们是真的想要一份工作对吗？我注意到你们每天很早很早就来了。'我们回答，'是的，先生。'他说，'我来想想办法。'或许他是看我们看得烦了，不过我不这么认为。他知道我们的企图。结果福特给了我们一份工作，在车间做焊接工。现在，我的朋友仍然和我一起排在最前面。查克·莱斯利是底特律的律师，而我则是人事部门的主管了。"

　　没错，李·斯凯尔顿已经在 Faygo 公司任职人事主管数年了。这家公司销售的各种饮料在我们这个地区特别畅销。你或许还记得"金袖子"哈罗德·皮尔里（Harold Peary）在电视和电台上替 Faygo 果汁打的广告，该广告使得这种饮料更加畅销。

　　Faygo 公司在底特律拥有自己的办公室、生产设备、装瓶工厂以及销售中心，它的产品畅销 13 个州。截至我写作本书时，它已经有超过 560 名员工，比前一年增加了一倍。李和超过 1 500 个应征者面谈，他们大部分都是年轻人。而且对于大部分被雇用的人来说，这是他们的第一份工作。所以很少有人比李更有资格来谈谈面试这个重要主题了。

面试和简历

李指出，大部分的面试都是从工作申请表开始的。申请表可以帮助公司筛选哪些人来面试。申请表通常是在面试的几天前，甚至几个星期前就已填好了。

先来说说申请表。申请表上面会让你写明你特别感兴趣的工作。你一定要写得很明确，其他项目也是一样。记住，申请表就代表你自己。它可以给你出线的机会。它就像履历表一样，是你的先锋、你的代言人。或许它会决定整个面试的内容。

然后，当面试排定之后，你必须准备好谈谈你应聘的这份工作。大部分面试者会把你的申请表放在他面前。你的态度、姿势及你的仪表、服装，都会反映出申请表的内容。申请表和面对面的接触，这两样加起来就可以显示你对这份工作的兴趣，还有你是否已准备好在这家公司的某个部门或工厂工作。

李·斯凯尔顿强调，你应征的那份工作通常也会有许多年轻人来面谈。"可能有半打以上的人被列入考虑。你有很多竞争对手。事实上，你在交出申请表的那一刻就已经开始竞争了。当你踏进这家公司的门时，你也是在竞争；当这家公司打电话或寄信来通知你面试时，你还是在竞争。最后你通过人事主管的面试，继续和部门主管、销售经理、厂长等进一步面试时，你仍然要和其他人竞争。这一路上你都必须销售自己。"

"了解这一点之后，你在填申请表时就要非常小心。不管在你说话时还是沉默时，它都显示了你的性格。如果申请表上要求你填上身份证号码而你却忘了填，这就可能会给自己带来负面影响。"

"太活泼或太卖弄小聪明，或者说些你自认为很'有创意'且会引起别人注意的事，都是应该避免的。大家都看过有个年轻人在申请表的性别栏上写'不一定'，或者在婚姻栏上填'视情况而定'这个笑话，这在《读者文摘》（*Reader's Digest*）里可能会博君一笑，但是在面试时绝对是讨不了好的。"

李·斯凯尔顿以及其他一些人事主管告诉我，填面试的申请表或被要求写出个人资料时，有些事项是你应该知道的。下面这些项目受到法律隐私的保护，雇主不能问你，你也没有必要回答。记好了。

- 你的性取向；
- 年龄（不过当你被录取之后可能必须提供，以作为投保的资料）；
- 婚姻状况；
- 种族；
- 宗教信仰；

- 肤色；

- 任何与你的私人背景有关的事；

- 任何令你尴尬或觉得受伤害的信息。

另外，有件事在我们这个州已经立法了，或许别的州也会比照——希望如此。密歇根州通过了一项法律条文，禁止雇主将测谎列入考量标准之中。很快，我们的个人权利会得到保障。

如何应对面试

很多人问我："面试时应该如何表现？我应该穿什么？我该说什么话？"

这些问题都很好。年轻人对第一次面试（或头几次面试）感到紧张是可以理解的。事实上，很多老手在面试时仍然会不确定自己该怎么做、该说些什么或怎么穿着。

下面我综合了几位人事主管的建议。他们花了许多时间筛选并面试年轻的应征者。

一共有十三个法则。

面试的十三个法则

1. **放轻松，自在一点。**当然第一次并不容易，但是如果紧张的话，就无法好好地销售自己。让肚子里的蝴蝶不要乱飞。怎么做呢？首先记住，面试官以前也经历过和你一样的事。另外，走进办公室前先深呼吸三次，可以帮助你放松。

2. **服装得体。**穿着适合该工作场合的服装。年轻男士：如果是从事工厂里的工作，那么不需要穿西装和白衬衫，只要穿件干净的衬衫、长裤和简单的夹克就可以了；如果是从事办公室里的工作，那么在面试时就要打领带。年轻女性：简单装扮。如果不是从事办公室里的工作，那么穿裤装也可以，否则就要穿式样简单的套装。

3. **仪表整洁。**根据法律，你不会因为长头发而遭到歧视（不过在工作时要戴发网）。在所有条件都相同的情况下，最后剩下两名人选，头发整齐、指甲干净或者皮鞋发亮的那个人肯定会被录取。你的仪表在你开口之前就已经成了代言人了。

4. **把你最好的一张脸拿出来。**现在男士不一定要把胡子刮得干干净净，但是如果你留了胡子，就要修剪整齐。如果没留胡子，就要好好刮干净——胡碴会影响你的整体形象。女士们要得体地使用化妆品。少涂一点腮红、唇膏或眼影是比较恰当的做法。

5. **不要佩戴一些叮叮当当作响的饰品。**女士们尽量少戴这类会发出声音的项链、耳环或挂满小坠子的手链。男士们则把手链和珠串留在家里就好了。少了这些饰品，你就可以把衬衫的扣子全部扣整齐了。

6. **走进去的时候，要等到面试官请你坐才能坐下来。**别大大咧咧地自行坐下来。毕竟这是别人的办公室，不是你的。

7. **把面试官当成朋友。**把面试想象成拜访朋友。这样会给人亲切的感觉。如此一来，你的自我销售也就越容易。

8. **让面试者也感到自在。**你也要尽可能地让他觉得自在。怎么做呢？要显示出高度的兴趣，不要无精打采。千万不可以伸懒腰。多微笑，笑容要亲切自然，表现你的愉快。不要皱眉或太过严肃，严肃的表情会产生反效果。

9. **仔细倾听，适时发问。**注意倾听，让面试官知道你在专注地听他说话。适时提出问题，以显示你对他说的内容已经消化了。比方说，如果面试官告诉你上班时间是周一到周六，早上9点到下午5点，你就可以问问他是否需要加班。

10. **别让自己太容易到手。**即使这是你的第一份工作，也不要廉价地把自己"卖"出去。这一点很难做到，但很重要。最好是多听听公司的状况。你可以问问福利、病假、加班、工作环境或其他与工作相关的事项。或许这份工作并不如你想象的那样好，你可以试试别家。记得，面试官也是在游说你加入他的公司。所以，你不只要扮演"卖方"的角色，也要当个有兴趣的"买方"。

11. **不要抽烟。**也别问你可不可以抽烟。面试官可能会把你的烟盒看成死亡证明。

12. **不要嚼口香糖。**绿箭（Doublemint）可能不会原谅我。可是在我看来，嚼口香糖的习惯是最令人反感的。它会毁掉你的面试。

13. **懂得何时离开。**要注意面试结束的信号。你不必主动结束，由面试官来结束。如果他把椅子往后拉，或者站起身来，或者他的秘书无缘无故地跑进来，就表示面试结束了。此时，要记得向他道谢——心里要抱着很大的希望。

继续自我销售

被录取之后，你不能停止自我销售的工作。通常你会经过一个试用期。在试用期，公司有机会好好评估你。领月薪的职位，试用期约为 60 天～6 个月。领时薪的话，则为 30～90 天。所以，不能在面试结束被录取之后就停止自我销售。要在工作上努力学习并发问，多付出一点，即使公司并不要求你做那么多。记住，**你有很好的东西可以销售——年轻。大部分人都羡慕你的年轻。**

准备的重要性

以下是我对年轻朋友的最后一点建议。我认为替未来做准备，最重要的一点就是倾听的能力（把本书第 6 章重读一次）。对你所听到的要表示关心。仔细地倾听。不要因为那是年长者说的就不以为然，或者就轻易接受。

大部分人都很希望别人能听他们说。你越能够倾听且不加评论，你就会变得越好。如果你能做到这一点，就可以无往不利。缺乏开阔的胸襟是无法替自己的未来做准备的。如果你懂得仔细倾听，就会发觉年长者对你更加尊重；说不定你也会发现，你并没有自己想象中那么聪明。

倾听可以显示你对其他人的关心，表示你很在意。尽一切努力让人们觉得愉快，让他们知道在某些方面你受到了他们的影响或感召。这样一来，即使你很年轻，他们还是会想跟你在一起，这只有好的倾听者及懂得施予的人才能做到。如果你没有付出自我的能力，那么你永远不会快乐。

对年长者要表示尊重。别怕用"先生"或"女士"的字眼。它们会帮你开启每一扇门。还有"请"和"谢谢"，这些都是很好的语言。

还有，尽量去接受教育。科技的发展会使教育越来越得到重视。当别人问你能做些什么的时候，你不能再回答"任何事"了。能做"任何事"的时代已经过去。世界在改变。

现在就要为自己的明天做准备，**今天的自我销售和未来是息息相关的**。

现在就行动！

- 如果你正迈入高中或大学的最后一年，你从现在开始就要找工作。通过写信或打电话，让那些公司知道你即将毕业了。

- 如果有亲友在你想去的那家公司工作，问问他们能否帮你得到面试机会。

- 向几家公司索要申请表，研究一下。看它们需要的条件是什么。即使你不打算用它们，熟悉一下也是好的。

- 将"年轻人自我销售的八个法则"写在卡片上，放在皮夹或皮包里。如果你是学生，用它来当书签。常常看一看这些法则。

- 每天早晨起床后，对自己说三次"我很高兴自己很年轻"。

- 如果即将参加面试，那么在去之前好好将面试的十三个法则读一遍。它们有助于你面试成功。

第 14 章

年长者的自我销售法

"只有在我们记得自己的青春时，年龄的增长……才可以带来智慧（但不能以比较的方式，比如'我还是小男孩的时候……'）。"

——悉尼·哈里斯

就像我在第 13 章中所说，本书适合每个人，不论年纪多大。不过，**本章专门写给已经成熟并经过多年历练的人。**

年轻人在自我销售时必须打破多数人对年轻人的错误印象，如"自以为是"、毫无敬意或放肆无礼等。年长者在自我销售时也是一样，必须打破多数人对年长者的错误印象，如"走下坡路"、"被放逐边疆"或"处于美国的灰色年龄层"等。

有许许多多的年长者都可以证明这些话是错的。他们用自己的成就和生活做出了证明。

成熟是值得骄傲的。那是一种本质，而非标签。我厌恶许多贴在年长者身上的标签，如资深公民、老政治家，或黄金年华，或者更糟的夕阳时期。大多数的老人甚至比我更讨厌这些用语。

"别说那些废话，乔！"他们会说。然后我会立即回答："没问题，老兄！"

公民就是公民，不会因为到了 65 岁或其他年纪就变得更好。

政治家就是政治家，在 35 岁时他可能是个糟糕的政客，到了 65 岁他可能还是个糟糕的老政客。

对于成熟，我不会给出一个实际的年龄数字。有很多人 30 岁就很成熟，也有的人到了 55 岁还像个孩子。在戏剧《家庭侧写》（*Family Portrait*）中，有个人对他的兄弟吉泽斯说："吉泽斯，你生来就是中年人。"

但是，即使我不想限定成熟的年龄，企业和政府也会。有些企业或学校规定的退休法案里就对成熟进行了定义，以便于它们制定政策。

许多工会都在商议"满 30 年工龄就退休"的退休条文，那表示如果一个年轻人在 19 岁进入某家工厂，那么他在 49 岁就可以退休并领取退休金。这种年纪对任何人来说都还谈不上"老"。

我自己认为，**成熟的年龄是没有上限的**，或许从 50 岁开始，看上帝所给予的年岁到了多少。

以我的外婆维塔·斯塔比尔（Vita Stabile）来说，她现在已经 97 岁了。她一心想要超越别人的寿命。

你会以为，一个 97 岁的人已经不必再销售自己，但斯塔比尔可不是这样。她仍然忙着向认识或遇到的每个人销售自己，也不断赢得每个人的尊敬、接受和爱。

我的外婆：耐心带来快乐

维塔·斯塔比尔是我母亲的母亲，她是个很不凡的人。她几乎看不见——双眼都患有白内障，视野十分模糊；也几乎听不见——她的右耳只剩下 1/10 的听力。不过她对视障和听障一笑置之。这些对她来说都不算什么。你应该看看她走路的样子。她可以走得和我一样快。没有人跟得上她。她的身高 5 英尺，却充满热忱，她的性格就像西西里岛的阳光一样，她总是面带微笑。

有一年的圣诞节，我买了一个水果篮送给她（里面有柳橙、苹果、橘子，还有鸭梨），我告诉她："外婆，看我给你带了什么。"

她立刻就明白了。"你为什么对我这么好？"——这句话是用西西里语说的。英语里面她只懂得"你好"和"再见"两个词。

"因为你是我的宝贝。"我摸着她的脸颊说。

"你看，我只有 3 颗牙齿，不过我会把它们吃掉的。"

她不悲观，不唱"我好可怜，只有 3 颗牙齿"的论调；相反，她一次又一次地对我说，"我会办到的，靠我的 pazienza（意大利语'耐心'之意）来办到。"**耐心，那是她的生活哲学。**

这句话伴随了她 97 年的光阴。她快乐地过着每一天，不回顾昨天，只放眼明天。不过，她也不急着渴望明天。耐心，这一点让每个遇到她的人都印象深刻。耐心让她一口一口地咬着苹果，亦给了她生活的期盼，外婆斯塔比尔只会向前看。"这样，"她用西西里语告诉我，"我才知道我要到哪儿去。"

她以近一个世纪的生命，让别人感受快乐和被爱，以她的耐心和生活态度向许多人销售自己。

看看自己拥有什么

我曾经问一位 80 岁的老人，在这个年纪，他拥有什么。他笑着说："时间。"有人曾问温斯顿·丘吉尔老年的感觉如何，他说，年老的确有不好的地方，但是如果你换个角度想想，就会很喜欢老年的岁月。

听我这句话，你拥有的是时间。不论你的年纪多大，50 岁、60 岁、70 岁、80 岁——时间仍然在你左右。**你该注意的不是你还剩多少时间，而是如何利用你所剩的时间**。阻碍年长者自我销售的最大障碍就是对时间抱着消极的态度——认为时间快耗尽了。《九月的歌》（*September Song*）这首歌曲虽然好听，但是它很悲观消极，因为里面说"**没有时间再玩等待的游戏**"。

瞎说。时间就是年长者的朋友。美国社会似乎只崇尚年轻，而将老人推到一旁，真是太羞耻了。东方对于老年人却给予了极大的尊重。在亚洲国家，老年人把时间当作朋友。他们受人尊重，他们的忠告也广为人们所接受，社会景仰他们。在许多欧洲国家也是一样。不过，美国社会似乎也在发生好的转变。老年人的声音受到关注。人们因为良好的医疗条件、饮食习惯，以及运动习惯而延长了寿命。商业和工业界开始了解年长者所具有的特质：经验。**经验唯有从时间中得到。**

时间是你的朋友，不论你已过了 50 岁多久。对很多人来说，时间就意味着很好的改变。拿破仑·希尔（Napoleon Hill）在《你可以创造自己的奇迹》（*You Can Work Your Own Miracles*）一书中说："时间以成熟和智慧交换了青春，时间是我们拥有的最珍贵的东西，因为在任何时候、任何地点，我们都不知道下一秒会发生什么事。"

如果希尔先生所言属实，我相信他说的，那么我们就该以全部的智慧从事年长者的自我销售，而且永不停止（就像我的外婆一样），因为时间就是我们拥有的最珍贵的东西。

我们来看看某些年长者过去以及现在是如何利用时间的。

年长不等于走下坡路

摩西奶奶（Grandma Moses）在过完 75 岁生日以后才开始学画画。她是农夫的妻子，完全没有受过训练，不过，她描绘童年时的农庄景象的作品被许多收藏家以高价购买。

伯纳德·巴鲁克是金融家和政治家，直到 90 岁时仍然向总统提供建议。这个百万富翁最喜欢的"办公室"是公园里的长椅。

我的同胞，作曲家吉赛比·威尔第（Giuseppe Verdi），直到 88 岁去世前仍在创作，给世人留下了《弄臣》（*Rigoletto*）和《阿依达》（*Aida*）等伟大的歌剧。

乔治·萧伯纳（George Bernard Shaw）活到了 94 岁，在逝世前

仍不断地创作戏剧，并在 90 岁生日时发表了他充满智慧的评论，令世人惊讶。

亨利·福特（Henry Ford）享年 84 岁。他将福特汽车公司（Ford Motor Company）的总裁之位传给儿子埃兹尔（Edsel），在埃兹尔死后重新接管公司。即使过了 80 岁，他也仍能掌舵。

我已故的妻子琼拥有很棒的穿着品位（即使在我们经济拮据的日子，她也能穿出品位）。她告诉我，可可·香奈儿（Coco Chanel）设计了全世界著名的五号香水（No. 5 perfume），并设计了适合任何场合的黑色基调套装。她在 70 岁时仍是时装界的皇后。

为自己的年龄感到骄傲——如果你不想说出年龄，就可以不说。但是有时候即使你不想说，可能也得说出来。**如果你想以老年人的身份成功地销售自己，你就得对生活保持一颗年轻的心**。年轻的外表可以从内心散发出来。或许你看起来身轻如燕，自己也感觉年轻，不过别让你的语气、衣着、社交、习惯和外表破坏了这种好状态。如何避免呢？首先，我列出了在年长者的生涯中 10 项不该做的事。它们是从我的朋友杰克·拉兰纳和吉姆·艾伦（Jim Allen）合著的《男士专用》（*For Men Only*）这本书所述的 21 项法则中摘录出来的。我想杰克不会介意我将他的真理广为散布。不过，更好的一点是，这些法则也同样对女性有效。

年长者是怎样搞砸自己的生活的？

1. 穿着古板，西装穿到破了才肯丢掉；
2. 对孩子说他们现在多么幸福，想当年你年轻时根本不能与他们现在相比；

3. 一直说以前说了好几次的故事；

4. 不看新书，不看电影；

5. 见人就谈你的疾病；

6. 一个月都没有认识新朋友；

7. 觉得年轻人的吵闹和俚语很烦人；

8. 最近几年都没有学些新东西或发展新的兴趣；

9. 无法决定要去哪儿度假，因为你宁可待在家里；

10. 如果要你独自参加宴会，你绝对不去。

另外，也有 10 项积极法则可以帮你向脸上的岁月痕迹说"滚开"，它们也能帮你像以往一样成功地销售自己。

年长者的 10 项积极法则

1. 把某名牌香烟的广告词用在自己身上。"宝贝，你已经走了好长一段路！"再加上一句："你还有好长的路要走！"

2. 对退休要三思。如果你不是被强迫退休，就继续待在工作岗位上。经验是很有用的。

3. 定期做健康检查。确保你的身体健康。

4. 节制饮食。注意一点一滴才能走得长久。

5. 充分休息。每天睡个短短的午觉。你有权这么做。

6. 每天看报纸。别跟社会和世界脱节。

7. 交一些年轻的朋友。他们可以让你保持年轻。

8. 培养自己的爱好——木工、绘画、插花，做任何有意义的事。

9. 向自己和别人挑战，如玩桥牌、下棋——任何让你保持活力和
   战斗力的活动。

10. 保持身材，注意体重。每天锻炼你的肌肉。让皮肤保持紧实，
    让血液健康地流动。

最后一项很重要。有些运动是老年人每天都可以做的，能保持肌肉和皮肤的结实。随着音乐伸展、弯腰就是很理想的运动。打高尔夫球、板球，如果可以的话，慢跑也不错。最好的运动方式之一就是走路。哈里·杜鲁门在去世前一个月都还每天走路运动。同样，我要再提醒一次：要等征求医师意见之后，再实行运动计划。

为别人而活

有一天，一位成功的木材公司主管问我如何在他的社交群中继续保持影响力，包括他之前的公司。他现在已经退休了。我说，"沃尔特（Walt），吉拉德的生活哲学里有一项——从背后踢自己一脚，把自己踢走！"

"乔，什么意思？"

"沃尔特，一直到现在，你都是为自己而活，对吗？你努力地工作，从不倦怠，总是努力保持第一名。你不再需要这些了。你可以停止为自己而活，开始为别人而活。这么做吧！既然你不必再到公司去，看看你可以替其他人做些什么。"

沃尔特说："我家附近有个人要自己盖房子。我想他对水泥墙不太懂——他每个晚上和周末都在工作。"

我看看沃尔特，他也看看我，他懂了。于是他走向那个年轻人，自我介绍，并主动帮他忙。我认为这是沃尔特销售自己最成功的一次，比以往处理一卡车一卡车的木材还要成功。

我要再次摘录拿破仑·希尔所说的话："坦白承认我在世上的时间是有限的，所以我要把其中一部分贡献给周围的人，让他们能因受我的影响而获益……最终我的时光会用完，我希望到时候我的名字能留下来——不只是留在石碑上，而是留在我的同胞心中，证明我的传播曾使这个世界变得更好。"

如果世界因为你的传播而改善了些许，那么，我的朋友，你就已经成功地销售了自己。

现在就行动！

- 就像吉吉（Gigi）唱的那首歌，每天早上都告诉自己：我很高兴自己不再年轻。要真心地说。以往的岁月已经给了你经验和历练。
- 今天就去参加美国退休者协会（American Association of Retired Persons）。
- 不论现在是什么时候，都开始计划你的下一个假期。那会让你保持年轻。

- 今天开始阅读一本新书，马上就去看一部电影，如果正值春天就开始种花。这些都会让你成为更有趣的人，同时帮你销售自己。
- 如果你不想向年龄妥协，就记住 10 件不该做的事。
- 记住年长者自我销售的 10 项积极法则，并从现在开始实行。
- 不论还有多久，现在就开始计划你 100 岁的生日宴会。

第 15 章

销售自己和你的产品

我想暂时离开世界上最好的产品——你，但我不会离得太远。我希望现在的你已经确信，世界上没有一个人像你一样。在自我销售时，没有任何其他产品比你更好。

想要和别人相处得更好，想要影响别人，想要更成功，自我销售是每个人都必须经历的。这是不变的道理，不论你是谁，做的是什么工作：或许你是秘书；或许你在生产线上工作；或许你是家庭主妇；也或许你已退休。人有千百种，职业、工作、关系也有千百种。

本章是写给那些真正销售某种商品的人，当然，他们销售的也是自己。本章特别针对销售员（不过，其中的道理对其他行业的人也很有价值）。

你做的可能是批发生意，也可能是零售生意。你可能挨家挨户地销售，也可能用信件来销售，还可能是在柜台销售。在销售的任一环节，你一定会与他人接触。除了通过邮件销售外，广告已经替你做了初步的销售，你只要填订单就可以了。不过，即使如此，本章的原则也适用于你。

我的作品《把任何东西卖给任何人》（*How to Sell Anything to Anybody*）中详细描述了我是如何用自己的一套特殊方法销售汽车，从而成为世界排名第一的销售员的。我用以展示汽车、回答客户异议、争取订单的某些方法，每个汽车或卡车销售员早就很熟悉了，只是技巧有点不同；而另一些方法是我独有的，其中的许多方法颇具争议性。那又怎样？只要它们有用，可以让我交到朋友，客户会重复上门，谁在乎它们是否有争议性？有许多大老板在乎，因为即使许多公司喜欢成功，但他们仍很害怕自己的船摇晃。

我想要你让自己的船摇晃。我希望你能做到。

即使我的书谈的是如何销售汽车，如何锁定潜在客户，我用的方法基本上也适用于任何商品的销售。这也是我把书取名为《把任何东西卖给任何人》的原因。不过，我很快就对一些以我为话题的脱口秀主持人失去了耐性。他们说："好，吉拉德，来向我销售这支铅笔，或这件运动外套，或这个皮夹。"最聪明的那个主持人竟从抽屉里拿出一只橡皮做的鸡（魔术师常用的那种）说："来向我销售这只鸡。"你瞧，这些人中没有一个人能让我把他们当作真正需要一支笔、一件外套或一只鸡的人，也没有一个人愿意理解购买动机，更别说与他们讨论产品对客户的利益了。他们中的每一个人都只对哗众取宠感兴趣。

销售你和你的产品，其中并不包含魔术、哗众取宠或运气。它只

包含了做功课、努力工作，还有回报。

我们来讨论一些不变的原则，如何运用它们，以及如何加一点吉拉德的小技巧，让你拿到订单。

基本的销售策略

作为销售员，我假设你已经知道销售策略通常包含了下述七个步骤：

1. 寻找潜在客户（找出你想向其销售产品的人或组织）；

2. 筛选客户（了解这些人**真正**需要的是什么，他**认为**自己需要的又是什么——也要知道他们的付款能力）；

3. 初步展示（将产品最大的优势展示出来，激发客户想拥有该产品的欲望）；

4. 深度展示（与初步展示相似，但要仔细地展示出产品的特色及它能做些什么，激发出购买欲望）；

5. 回应客户的异议（克服客户对这笔交易的抵抗，不论是实际存在的问题还是客户想象出来的问题）；

6. 完成交易（这是拿到订单的时刻）；

7. 后续工作（客户档案管理）。

遵守这七个步骤可以让潜在客户变成真正的客户，并让他们成为你永远的客户。

当然，这个策略的成效视你用功的程度而定。我假设你很**了解**自

第 15 章　销售自己和你的产品

己的产品，了解它所有的特性。**没有销售策略，产品知识就毫无价值；缺乏产品知识，销售策略也无用武之地。**要对你的产品了如指掌，从上到下及从里到外，全部都清清楚楚。

吉拉德的销售精神

销售策略和销售精神完全是两回事。而我们现在要讨论的，不是前述七个步骤的基本销售策略，而是销售精神。

吉拉德的销售精神，一部分是我自创的，另一部分是从别人那儿学到的，但都能与我一贯的销售哲学相契合：**我销售的不是产品，而是我自己。我先销售了自己，而后再销售产品时简直易如反掌。**我们已谈了许多自我销售，现在把它和产品结合在一起。你如何将自己与产品联结，以便能先自我销售？下面是四个很好的法则，在我身上从未失败过：

1. 做你自己最好的客户；
2. 设身处地站在客户的立场来思考；
3. 不要挂起帘幕；
4. 让自己比产品更大。

我们一个一个来看。

1. 做你自己最好的客户。如果你想让客户对你的产品产生兴趣，最好让他知道你也对产品很热衷。比方说，如果客户知道你下班后开

219

的是菲亚特（Fiat）汽车，他对你卖的普利茅斯（Plymouth）能有多大信心？

通用电气的销售员应该在厨房或洗衣房里用通用电气的产品，而不是西尔斯·肯莫尔（Sears Kenmore）牌的产品。我不是要替这些品牌或其他品牌宣传，只是要指出销售员应具备的品牌忠诚度。

如果舒适（Schick）牌、雷明顿（Remington）牌或飞利浦的 Norelco（三者皆为电动剃须刀品牌——译者注）电动剃须刀的销售员用的是传统刮胡刀或是吉列（Gillette）安全刮胡刀，那么就是缺乏对自己品牌的忠诚度。

做你自己最好的客户。**在可能的范围内使用你自己的产品，不论它是车子、衣服还是皮包，把它展示出来，并且不时地谈谈它。**你的客户一定会想："如果连销售员都觉得这产品很好，那么他的推荐应该很不错。"

不过，有时你也许要向经销商或商店销售，他们卖的产品可能包含了多种品牌，如果把每一种都用在个人生活中，或许并不切合实际。不过，我知道有些例子，销售员很成功地解决了品牌忠诚度的问题，因为他们具有清晰的认知。

有位销售员在底特律最大的百货公司家电部门工作，他遇到的问题是这样的：每一个厂商都期望他对该品牌忠诚，所以他的瓦斯炉是一个品牌，冰箱是一个品牌，洗碗机又是另一个品牌。他家的洗衣房里放了一台洗衣机和一台烘干机，品牌完全不同。没错，他具有清晰的认知，可是他太太常抱怨家里没有一样电器能彼此相容。

另一位我认识的鞋子销售员在一家很大的购物中心工作。他穿的商务鞋是一个品牌，休闲鞋是另一个品牌，拖鞋又是另一个品牌。他的店里除了这三个品牌外，还有其他品牌。不过，我这位朋友说，家里的鞋柜已经没地方了，对这三个品牌维持忠诚度已经足够。

再强调一次，要在可能的范围内显示你对自己产品的忠诚度。如果没能做到这一点，可能会对你的销售不利。下面是一位销售员的经验之谈。这个例子是关于客户对产品的忠诚度的。

"我去拜访费城一家很大的电器公司。他们当时卖的是所谓的'黑色家电'，也就是音响、电视、收音机等。我和他们的销售主管先开了一个初步的会议，用于收集资讯，以便我能提出企划案。"

"我需要许多事实和数据，包括市场价格的范围，以便符合他们的预算。我决定将这次会议的对话录下来。不过，我并没有事先做好功课，我不知道他们也制造卡式收录音机。因此，我把我那台日本制的迷你录音机拿来。我的客户盯着它，又看看我，然后直截了当地对我说，如果我对他们公司产品线的了解不过如此，我是不可能帮他们做企划案的。他就这样草草地把会议结束了。我连初步的成功都没达到。"

"我得到了教训，乔。别误会，我那台日本制的录音机是很不错的机器，只不过它似乎让我成了竞争对手的代言人。"

这个教训的重点在于以下几个字："要在可能的范围之内"，对你的品牌和你销售或代表的产品忠诚。不过要小心，有时你也得留意，要对别人销售的产品也显示忠诚度。

心存疑虑时，遵守老法则通常会很安全："带哪个女孩出去，就跟哪个女孩回家。"

2. 设身处地站在客户的立场来思考。人们做任何事都是基于他自己的原因，而不是我们的原因。人们买东西也是基于他们的原因，而**不是我们的原因**。

所以，**"要用客户的眼光来看产品"**。在汽车、冰箱、衣服或你卖的产品旁边绕一绕，用心从客户的角度仔细端详。这是让产品符合客户需求的方法。别人之所以买你的产品不是因为他们了解这些东西，而是他们觉得你对这些产品有某种程度的了解。

如果你无法站在客户的立场思考，你就不懂得他们想知道些什么。有时，你甚至要替他们考虑他们没有想到的地方。

以下是一位冰箱销售员的做法。

"乔，我通常会让客户先看看冰箱，让他和他的妻子有机会欣赏颜色与设计的美感。我让他们打开冰箱门，看看滑出的架子和抽屉。如果是附有制冰器的机种，我也会让他们看看制冰器占去了冷冻库的一些空间。有些客户还会对冰箱的灯光感到好奇：关上门以后还会亮吗？很有意思吧？不过，他们真的会问。"

"接下来，我会远离那个产品。对，走开一些。冰箱从我的视线中消失之后，我就试着从客户的角度来思考。我先回想客户对产品的第一印象：'真漂亮，对吗？'我会学他们的口气。'里面全是瓷质的，还有镀铝的架子及铝质滚轴，空间也很大。'"

"这给了我另一个方向——用客户的眼光去看我卖的冰箱。虽然客户并不明白这种考量是正确的，但我创造出这种正确的考量，往往能让我拿到订单。"

"我会问他们问题，比如：'琼斯（Jones）太太，你家有几个人？你多久上市场采购，一周一次或一周两次？你有年龄很小的小孩吗？你的厨房是什么颜色？你常开宴会或请客吗？你会把剩菜冷冻起来吗？你常买特价的肉食或冷冻食物吗？'然后把他们的答案回想一遍，就能大约知道他们真正需要的，而不是一时着迷的是什么。如此一来，他们心中就有了一幅符合实际需求的'草图'。因为我们双方都能从客户的观点来考量。"

"这对我产生了什么作用，乔？它使我的客户增加了。因为他们的确需要更多的冷藏空间。如果不常宴请的话，要制冰器有何用？我会推荐他们一边是冷冻室，一边是冷藏室的冰箱。或者推荐他们再买一台独立的冰柜。从客户的角度来看产品，让他们正确地考量，这些都令我财源滚滚。"

3. 不要挂起帘幕。帘幕就是任何会阻碍生意的东西——这些看得见的东西会让你在客户面前消失。不论它是什么——你的衣服及首饰、办公室的壁画、桌上的东西，只要会阻挡客户看你的视线，就可视为妨碍生意的帘幕。

比方说，**不要穿戴会让客户失去兴趣的东西**。

他想买你的产品，不是想替你耀眼的新装付账。所以，你的三件式套装就会冲昏客人的头。我有位朋友叫埃德·史塔，他有一次告诉我："乔，如果你在蓝领阶级的地区销售，就要穿得跟他们一样。你的白衬衫对你没有丝毫帮助。"埃德说得对。不好的服装也形成一种帘幕，不知不觉中就把你藏了起来。如果客户眼中看不见你，他又怎么去接受你的产品？

在我办公室里，我总要客户背对窗户坐着。为什么？因为外面的景物就是一种帘幕。好几次我都瞧见客户转过头去看窗外，于是我立刻就用玻璃砖把窗户堵起来。

销售楼层开着的、可以通往别的部门或区域的门，也是一种帘幕。

或许你很喜欢墙上挂的那幅画，画中有一群雁向南飞。不过，如果客户的心也跟着雁一起飞到南方的话，那么这幅画就是一种帘幕。

我认识一位女士，她在克利夫兰一家大型首饰店销售得非常成功，她告诉了我，她是如何消除帘幕的。

"吉拉德先生，我在耳环的柜台工作，做得很不错。每天我会戴一副不同的耳环，是我自己在员工柜台买的。客户能看到我戴在耳朵上的耳环的款式，还有我的发型。这对销售很有帮助。"

"有一天，管理部门要我一有空就去兼任眼镜部门售卖镜框的柜台，直到他们找到新人为止。我们的镜框有很多著名设计师的特殊设计，像黛安娜·冯·弗斯腾伯格（Diane Von Furstenburg）、纪梵希（Givenchy）等。我很喜欢这个额外的工作。客人会坐在我的面前，试戴各式各样的镜框，他们面对着我，让我看看镜框是否适合他们。他们会看着我，不过我很快就发觉他们的注意力停在我的耳环上。我的耳环使他们无法专心地选购镜框。"

"我的解决方式是这样的。我不再戴耳环。在耳环的柜台时，我会试戴一副给客人看，必要时多试戴几副，这样我的业绩并不受影响。当我到了镜框的柜台时，我的耳朵上完全没有任何饰品。如此一来，对于销售就没有任何阻碍了。"

她不再被帘幕挡住，一切都变得很顺利。当帘幕出现在你面前时，要设法让它消失，这样你销售的产品才能清楚地呈现出来。

4. 让自己比产品更大。这是初步自我销售的好方法。你是否注意到了，去野餐、在自家院子里或外出露营拍照时，若你站得靠近相机，就能挡住整棵树、整片草坪或任何其他在你身后的背景——即使它们的体积可能比你大上三四倍？那是因为你站在这些背景的前面，而且站得很靠近相机。这是视觉上的一种幻象。

不过，**如果你站在产品的前面，幻象就会变成真实的东西**。站在产品前，你要比它还大。这很重要，因为客户先看到的是你，先接受的也是你。

当然，这种站在产品前面的说法，是从销售精神的观点来讨论的。就像我曾说过的，我从来不会说："我站在我销售的产品后面。"这样谁看得到我？我总是说："我站在产品的前面。"人们接受我，而且知道我值得他们信赖，他们也知道我的声誉是一种保证。

在销售的关键时刻，我往往比我的产品还被看重。因此，要让自己比产品更大。这就是销售精神和销售策略的不同之处。很糟糕的是，许多指导销售员销售的人并没有教他们这一点。

实际上，如果你能好好运用这四个简单的法则就会发现：在实践销售策略的七个步骤时，比你想象的轻松多了。

这不是随便说说而已。我常常不断地把这些法则说给别人听。而我能做到的，你也能做到。

现在，我们来谈谈销售自己和你的产品时有其他哪些关键点。这些法则经试验都很有效，不过，每个人都有自己的一套方式——这也是最大的不同之处。同样，销售精神也有四个法则：

销售精神的四个法则

1. 让客户分享秘密；

2. 让客户也凑一脚；

3. 让客户靠在你的肩膀上哭诉；

4. 让客户知道你很在意他们。

以下是它们的具体内容。

1. 让客户分享秘密。每个人都喜欢秘密，喜欢那种我知道而别人不知道的感觉。他们觉得自己好像发现了某事，甚至想说给别人听。如果你叫他们不要讲，通常他们一定会去散播。

好，这个销售的基本法则绝对不只是要销售商品，而是要销售商品的功能。客户对于机械原理之类的不感兴趣，他想知道的是拥有或购买这个东西之后，能否带给他更多的快乐。

大部分销售员都明白这个道理。因为他们被一再地告诫不可忘了客户的这种心理。可是，他们往往有过之而无不及，把产品功能所有的来龙去脉全部说给客户听。可怜的客户不仅知道了产品能为他做些什么，而且知道了产品背后所有的历史。就像有个故事所说的——有些人被问到时间时，会把他手表的制造过程一字不漏地告诉你。好，我们来说说实践第一项法则的方式。

请记住，**客户主要的兴趣在于"它能为我做些什么，而不是它怎么来的"**。所以，**说出他想知道的——不过，要保留一点当作你的秘密**。你要保留的这一点不一定是产品的重要特质；事实上，即使它是很次要的特质也无所谓。你刻意制造的神秘感会让这个次要的特质变得重要。此外，你愿意与客户分享这个秘密，也会令该特质变得重要。没有比这更令客户兴奋的了。

我认识的一位缝纫机销售员就是这么做的。他对产品极为了解，熟悉所有的功能，从开钮孔、平织到斜织。他的产品有个针盘，使用户能任意选择想要的针法。展示产品时，他会对客户说："卡尔顿（Carleton）太太，你看，这个机型有许多不同的缝法，你可以轻而易举地选择任何一种。"接着，他压低声音说："不过，我告诉你一个小秘密，现在巴黎、罗马、纽约的设计师不喜欢用机器的缝工。我这台缝纫机能隐藏缝线，看起来就好像你是一针一针小心地用手缝的一样。"

其实，卡尔顿太太在任何一本缝纫教材里都能学到隐藏式的缝法，但我的朋友把它变成了一个秘密和客人分享。

你也可以如法炮制，不论你的产品是什么。我都是这么做的。其结果是，通过你的神秘感，客户被你这个人及你的方式吸引，就会接受你和你的产品。

2. 让客户也凑一脚。电影及电视喜剧演员吉米·杜兰特（Jimmy Durante）常说："每个人都想凑一脚！"没错。每个人都喜欢有参与感。

每个客户都以为你会努力地向他销售，如果你没有唾沫横飞，他会很惊讶。客户已经习惯听你说、看你表演及承受一些你给他的压力。给他前两样，第三样则像传染病，应该予以避免。

你要做的是，给客户一些惊讶。**让他自己来销售。**本来期待从你这儿听到或看到的，设法让他们自己说出来或做出来。让他们参与你的行动，他们会开心地与你一起表演。再强调一次，他们是要"买"你这个人和你的产品。这项法则的效用是一位家具销售员朋友告诉我的。

"我对客户说：'**试试看，福斯特（Foster）太太，把这张沙发床打开。假设它现在放在你家里。**'"

"她照着做，有一点兴奋。然后，我问她：'**福斯特太太，告诉我感觉如何。**'"

"她毫不犹豫地说：'很简单呀，完全不费力，而且一点都不麻烦。有客人来的时候，我就不会伤脑筋了。'"

"乔，结果是她自己销售了这个产品，因为我让她参与其中。而且每次她把沙发床拉开时都会想到我。喂，等等，我不是那个意思。别抠我的字眼。"

我当然会好好地引用他的话，因为他说出了重点。你可以试试他

的技巧，我自己也常用。例如，在销售汽车时，我会说："汤姆金斯
（Thompkins）先生，你开出去绕一圈试试看。"或者在销售冰箱时，
我会说："高尔韦（Galway）太太，你可以把这些架子移动看看。"卖
运动器材时，我会说："哈尔，站上来，握着这个。我要你感觉一下
这种摇摆，就像健身俱乐部的感觉一样。"

没有什么比让客户凑一脚更有效的了。

3. 让客户靠在你的肩膀上哭诉。哭诉的意思是指客户对这笔交易
的异议——他的借口、实际的原因或想象的理由，或者任何推托
之辞。

每个销售员都知道排除异议的重要性，而每个销售员也都会尽全
力去排除。吉拉德的秘诀是，**在排除异议时，要记得加入同情的成
分，让客户畅所欲言，给他提供宽阔的肩膀，然后才做出你的回应**。
在许多时候，排除客户的异议就好比玩扑克牌时把对方的王牌吃掉一
样。你或许排除了客户的异议，不过他们会觉得你太直接、太自以为
是，而同情的成分往往具有缓和的作用。

许多成功的销售员教了我一招，我再把它教给你。例如，我会
说："我知道价格可能稍微高了一点，不过通货膨胀对我们的影响实
在很大。我能够理解你对预算的考量，这样吧，我会提供轻松的付款
方式，让我们皆大欢喜。"

用"我同情"、"我了解"、"我懂你的意思"以及"我也有这种感
觉"之类的字眼。这些字眼表示你真的了解，你也很关心，并认同他
提出的异议（不论是价格、尺寸、颜色还是款式等），不过你会确保

各方面都令他满意。通过提供宽阔的肩膀、同情的心态来解除更多客户的疑虑、犹豫甚至敌意，而不是无情地指出冷冰冰的事实。

试试我的做法吧，它对我来说已经行之有效了。

4. 让客户知道你很在意他们。也就是说，你现在很在意他，更重要的是，你会在成交之后继续付出关心。

许多销售员认为，订单签妥后交易就结束了。完全不对！此时，交易才开始，除非你卖的产品是永远不会损毁的（说一个给我听听）；否则，你的成功就得靠同一个客户不断上门。重复的交易是最基本的底线。

每个销售员都知道后续工作的重要性，很多谨慎的销售员都能贯彻这一点——或者通过电话或信件，或者下次客户上门时问问他们产品的状况、是否满意等。

成交有许多必要的动作，但仅有这些是不够的。同情有利于排除客户的异议，同样，关心也应纳入后续工作之中。

在完成交易后，销售员打一通电话给客户是一种后续工作；如果可能的话，登门私人拜访也能表示你的关心，会出乎他的意料。

成交后的一张感谢卡也算后续工作；一封私人信件也含有关心的成分。事实上，每个月写一封信不仅表示你关心卖出去的产品，也表示你关心他，希望他能常回来。

很多人不喜欢被泛泛之交或销售员打扰，不过在心理上让他知道，**签下订单后你仍然关心他，这没什么不好**。

就像一位卖二手车的朋友告诉我的："乔，我观察了我的买主，通常都是年轻人想买自己的第一辆车。我会说："我想让你知道，你买到的不只是一辆好车，如果你能好好保养，它能给你提供好几年服务，你还拥有我的帮助，以后你遇到任何问题都可以来找我。对了，一个星期后我会和你联络，看看车子的情况如何。'"

看，你一定会向这种销售员买二手车。

后续工作是必要的，但要记得，关心要发自肺腑，这样它才能帮你把客户拉回来。

实践吉拉德的销售精神法则，你就能更成功地销售自己和产品。

我常被问道："如果产品一点都不好，你怎么办?" 这是一个很好的问题。销售员经常面对烂产品左右为难。

好，我们假设你觉得销售的产品令人不甚满意。它是什么样的产品并不重要——可能是摆在柜台上用于零售或批发的东西，也可能是很昂贵或者花不了大钱的东西。你销售的地点也不重要——可能是零售商、经销商、百货公司、药房、五金店，也可能是木材场、拍卖场或古董店等。

主要的问题是：你认为买到的人会吃亏。我们假设你的结论是正确的，你的产品一点都不好。

我和许多遇到这种问题的销售员谈过，他们给了我一些很好的答案，我现在就告诉你。

一位从事批发的销售员说："如果你是在独立的经销商那儿工作，常常要销售许多产品。可能存货很多，或者种类也不少。好，你的经验告诉你，编号 NB-16332 的产品不太好。你常常接到客户的投诉，你也检验过，而且其他销售员也得到过许多负面的反馈。在这种情况下，你就要到管理部门去，让他们把这个产品剔除，这不仅影响到你的声誉，而且影响到店家的名声。"

"如果其他销售员同事也支持你，你就很有机会把这个产品剔除。"

一位在柜台的零售销售员告诉我："如果对某个产品的投诉不断，你开始怀疑它的品质，可以去找店里或这个部门的老板，告诉他你无法销售这个东西，同时建议降价或特卖，不过一定要赶快把它从货架上拿下来。让老板告诉该产品的业务代表，这个店要推其他的产品。这个做法对零售或批发都很有效。"

另一位音响和收音机销售员说："我销售许多品牌，当客人喜欢某一种时，我通常不会销售另一种给他。**不过，如果我知道某种品牌不值那个价钱，不管客户多喜欢，我都会说服他不要买。**毕竟，如果你有 6 种收音机，那么即使其中有 1 种的品质不佳，你也还有 5 种可以销售呀。"

我一生都在从事销售工作。根据我的经验，如果在销售一种实际产品时遇到了这类问题，那么你可以有四种选择：

1. 销售其他产品；

2. 向客户坦白产品的优劣；

3. 设法剔除该产品；

4. 换工作。

1. 销售其他产品。如果你的店里有多种产品可以销售，那么这是最简单的方法，也就是说服客户不要买那种产品，而是买另一种产品。如果客户很喜欢你认为不太好的东西，就坦白地告诉他。你或许会失去这个产品的佣金，但你可以从另一种产品中找补回来，而且你的良知也不会受到拷问。

2. 向客户坦白产品的优劣。 比方说，你觉得某种产品不好，它的制作很低劣，只有短期的价值，售价也很低。请记住，或许某些人只能负担起那个价格。那你就要让客户知道，这个价格代表的品质可能只有短期的保证。以这样的基础来销售，"一分钱一分货"——别做任何错误的说明，只要帮助人们买到他们负担得起的东西即可。或者说，假设你认为某种产品不好，因为它的市场有限，那么你就要在这个有限的市场里尽量努力，即使它非常小。市场有限并不能怪罪于产品本身，而是要把它们销售给喜欢它们的人，要清楚自己在做什么。

3. 设法剔除该产品。 如果该产品只是五金店里的一种工具，或杂货店里的一种烘烤粉，要说服你的上司、业务经理、老板就很简单。然而，如果是在汽车经销商那里就不太可能了。尽可能去做，视你销售的产品和销售的地点而定，设法让该产品从店里消失，如果它罪有应得的话。

4. 换工作。 这或许不是一件简单的事，不过可能是最好的选择。如果你是很好的销售员，卖这个产品和卖那个产品都能一样成功（或许更成功），那么职业道德比佣金还重要。但是，要确定你对那个产品的评价不是一时的情绪化反应，而是有客户投诉、业绩不良的事实根据。换工作的道理在于：你销售的不是产品，而是你自己，而你知道自己绝对是优秀的。

永远记住，你卖的产品可能会被制造商说成是世界上最好的，这或许是真的；不过，**世界上最好的产品还是你自己**。所以，销售你自己，这是最基本的。

现在就行动！

- 了解你所销售的产品，熟悉它和它的功能，要知道它的特征、它的好处和它能带来的利益。如果你不清楚自己卖的是什么，就没有成功的希望。

- 复习销售产品的七个基本步骤，记得实施时要配合销售精神。

- 了解并实践销售自己及产品的四个法则：做你自己最好的客户；设身处地站在客户的立场来思考；不要挂起帘幕；让自己比产品更大。

- 开始实践销售精神的四个法则：让客户分享秘密；让客户也凑一脚；让客户靠在你的肩膀上哭诉；让客户知道你很在意他们。

第 16 章

销售自己和你的服务

销售服务而不是销售产品的人其实卖的是一种理念，或许是某项产品的作用，而不是产品本身。医生并不销售任何产品，他们卖的是诊断和治病的技术、他们的专长、他们的医学（如牙科、妇产科或心理医学）知识以及他们的经验。因此，**他们在销售自己和自己所提供的服务时，其实可以说是在销售一种观念**——治疗或控制疾病的观念，或者预防疾病的观念。

在理想状况下，律师做的事都是基于公正的**理念**，他们的服务以及他们对技巧、经验和专业知识的运用，都是要确保委托人受法律和政府的保护。

教师提供的服务与学习和发展的理念有关；技术人员或机械技师销售的则是让机器能正常运转、少出毛病的理念。

保险业务员销售的是使所爱的人未来免于匮乏的理念；咨询顾问卖的是指导方针，从职业生涯到婚姻；牧师、神父或犹太教的牧师销售的基本上是心灵的平静；旅行社卖的或许是浪漫和冒险；警察销售的是保护。不论你提供的服务背后的理念是什么，你都必须同时销售自己。

然而，许多提供服务的人却很少去思考服务背后的理念。如果他们能够坚持理念的话，自我销售就会变得容易许多。所有的服务都一样。或许你是邮差、送货员、查税员、心理医生、游泳教练、军队将领、市议员、铲雪员、戏院引座员、洗车厂经理、葬礼祭司、银行职员、清洁公司老板、报社记者或电视、广播、舞台、电影的演艺人员——不论从事哪一行，你都应该知道"服务"的真正含义。

不论你的收入有多高（比如整形医生），还是你仅义务提供服务（比如自愿奉献时间、提供服务的童子军妈妈）——**这些人只需将他们服务的理念融入生活中，就能更成功地销售自己以及自己所提供的服务**——你应该思考服务背后的理念。

铺砖头与盖教堂的故事

我可以用一个大家熟悉的故事（出处不详）来详细地说明。这是关于一个游客经过一个城市的故事。他停下来恰好看见一个工人正一块一块地耐心铺着砖头，虽然是例行工作，但他却很小心、很认真地做事。游客很好奇，就问工人："为什么你要费这么大力气去铺这些肮脏的砖头呢？"

"我不是在铺砖头，"工人回答，"我是在盖一座大教堂。"

你看，在工人劳动的背后有着极为不同的理念。由于他很清楚这个理念，所以他很成功地销售了自己。游客继续上路了，心想："有这样的工人，这幢建筑物必定可以屹立几千年！"

这是一个很好的例子，告诉了我们在没有实际产品时，要采用何种心态。当你销售的是理念而不是具体的东西时，让别人接受这个理念的最好方式之一就是像这位工人一样，**诚实而简单地表达出来**。这样会让听众更容易了解，而且通常都会有很好的结果。这个听众会加强你心中的理念，让你更看重所提供的服务的价值，其中的满足感远比销售具体产品的销售员还大。能够同时销售自己和自己的服务的人，必定很值得人们认可，因而他及他提供的服务也很值得人们购买。

服务的销售策略

在本书第 15 章，我提到过销售产品的销售策略：寻找潜在客户；筛选客户；初步展示；深度展示；回应客户的异议；完成交易；后续工作。

当你销售的是服务而不是产品时，同样的策略大约也适用。熟悉第 15 章所说的这些销售策略，会让你在销售自己的服务时做得更好。

第 15 章也提到，销售精神和销售策略完全是两回事。记住四个法则：做你自己最好的客户；设身处地站在客户的立场来思考；不要挂起帘幕；让自己比产品（本章要改成服务）更大。这些法则在销售你的服务时也一样重要。复习第 15 章，将销售策略和这四个法则贯彻实行。

不过，服务有千万种。如果你的职业是维修或解决问题，或者清洁、救援、制图或设计，或者性质相似的服务，那么第 15 章的销售策略就适用。你必须去寻找潜在客户，必须按照每一个具体步骤来实行。这类服务通常与某人拥有的产品有关，你是在对此做一些事，比方客人的汽车、电器、房子或房地产、衣服——你应该能明白。

另一类服务通常与改善生活品质有关。比方说，医生、律师、教师、咨询师所提供的服务是必要的，但他们并没有潜在的客户（餐厅的老板就有）；如果他们推荐客人吃主厨的特餐且客人接受的话，那么从任何角度来看，都不算是完成了一笔交易。

事实上，对于这一类服务（比如医生、律师或心理医生所提供的服务），其潜在客户的范围通常有严格的限制。

不过，**不论你销售的是哪种服务，不论销售策略是否适用，销售精神都绝对是一以贯之的。就像它对所有产品都有用一样**。

让我来告诉你有关四位朋友的例子，你就能了解销售精神的作用。他们的职业都没有具体产品可供销售，他们销售的是自己。这四位朋友中，一位从事保险行业；一位从事教育行业；一位从事大众传播行业；另一位从事医疗行业。我就从其中两位朋友的服务中受益。

不论他们从事的是哪个领域，他们都把自己及其服务销售得很成功，我们从他们的成就中就可见一斑。

销售一个有保障的未来

我儿时的朋友约翰·洛瓦斯科是密歇根州格罗斯波因特的保险销售员。他是双胞胎中的一个，他的双胞胎弟弟去世对他产生了巨大的影响。

"失去双胞胎弟弟是一种巨变，"约翰说（当然我也认识他的弟弟尤金），"当时我极度沮丧。我还很年轻，我和尤金的感情很好——比一般兄弟还好。他就这么离开了我，没留下任何东西，而我也顿时失去了支柱。似乎我的某个部分也死了。"

"一年后，我遇到了我的妻子，她救了我，并帮助我成长，还教我如何继续努力。我以前一直在制造业工作，不过，我变得一点也不快乐。我想做一些能帮助别人的事。我想这也是尤金希望的。失去丈夫或妻子的人，有的或许还得独立抚养小孩，这些人可能需要帮助，就像我失去弟弟时一样。我无法提供情感上的依靠，但我可以借助保险的保障来减轻他们的经济负担。"

"因此，我离开了制造业，进入美国大都会人寿保险公司（Metropolitan Life）从事寿险的工作。"

约翰将他的痛苦经验转化成帮助别人的力量，他选择提供给人们的服务是替遗属们建立稳定而有保障的未来。最初，他自己或许并不明白选择这个工作的理由——服务背后的理念，这也是他自我销售的开始。

保险公司并不需要太多的资金，而且他能够发展自己的客户群，他认为这是适合他的行业。大都会人寿保险公司让他先从收账员做起，也就是说，他必须挨家挨户去收保费，这些保险都是别人卖出去的。他干了4个月，挫折感比他想象的还重。"我想从最基层开始，"他说，"如果我失败的话，至少也比较甘心。"

一开始他就遇到了难题——他发现通过资格考试很难，但他的经理试着鼓励他。"他告诉我，"约翰说，"我不该沮丧，很多人考驾照时也通过了笔试，但那并不表示他们会开车。"约翰不知道他的经理是不是说，即使通过了资格考试，他也不一定能把保险销售得很成功。

不过，这位经理不像我这么了解约翰。"我喜欢挑战，"约翰常告诉每个人，"在压力之下，我越挫越勇。而且我认为，在销售抽象的东西时，会面临更大的挑战。"

为了迎接挑战，约翰继续努力。此后，他通过了考试，并与新英格兰人寿（New England Life）签约。第一个向我买车的客户是以前在建筑界的朋友，约翰也是一样，他的第一个客户是以前在制造业的同事。

在这段生涯中，约翰和他的妻子生养了10个孩子。他是一个具有宗教热忱的人，他说："对于自己做的事要有坚定的信念，要相信你的服务能造福别人。如果我没有先以身作则的话，我就是一个很差的销售员。所以，我最先做的事情之一就是替我和家人买了一份保险。最好的讲道理就是通过行动来证明你所说的。"

约翰继续说着他的故事。"刚开始的成长很慢，不过我并不是孤单一人，我知道还有其他更重要的——我的婚姻和家庭。从一开始我就知道，周日和假期时我不能工作，而且我必定每天回家吃晚餐。孩子们都知道他们有我可以依靠。你必须确定你的家庭能够正常美满，理解我的意思吗？我觉得，如果我要在别人面前塑造一个成功的形象，也就是向别人销售我自己，就得先从家里开始。"

"如果家庭照顾得不好，在销售的世界里也不会成功。你骗不了别人。你或许以为可以，但其实不然。外在的胜利表现像是记号'V'，无法藏匿家庭的问题。销售保险是要保障你所爱的人。如果你想要销售保险或其他任何服务，在你的生命中最好有你心爱的对象。"

"在销售一项服务时，你必须愿意付出许多时间和耐心——我想可能必须比销售产品的销售员还多，但我不确定。我的意思是，在过去 15 年里，我一直试着销售保险给客户，其间丝毫没有例外。有几次我从客户的办公室回家，几乎哭了出来。他向一个经纪人买了 100万美元的保险，又向另一个经纪人买了 25 万美元的保险。我告诉他：'把零头留给我。'那就是我得到的。"

"最后，在最近一轮的不景气中，这个客户的处境很困难。他只好放弃大部分的保险。此时，所有其他的经纪人都消失得无影无踪，就好像这个客户从不存在一样。不过，我留下来了，我写了一些纸条给他，告诉他要有信心、不要放弃。有一天，我打电话给他，问道：'你需不需要 2 万美元？它对你有帮助吗？'他似乎难以置信。'你哪儿来的这笔钱？'他问道。我告诉他，这是从他的一份人寿保险里得到的，原先他以为卡在基金里拿不出来。我帮他试了一下，发现可以从那份保单中贷款，随后我把 2 万美元的支票寄给他。这就好比问一个在沙漠里爬行的人要不要喝冷饮一样。"

"后来经济又恢复了，他很感谢我替他做的事情，于是在两年前跟我买了 50 万美元的保险，去年又买了 100 万美元的保险。他说：'我永远不会忘记，在我最需要的时候，别人都弃我而去，你却为我做了许多事。'"

耐心、关怀，加上销售自己及自己的服务，这全部的一切让约翰获得的远超"零头"。约翰得到了什么？

他现在是百万圆桌（Million Dollar Roundtable）的成员，已经有 12 年了。约翰解释道，这是一个俱乐部，里面的保险销售员必须有一定的业绩。在全美国 25 万保险业务员中，只有 5％能加入。他在新英格兰人寿的 22 年间，每年的业绩平均为 200 万～300 万美元。

"我的想法是，"他说，"努力去做好你的工作，如此而已。你必须付出时间和体谅。你要把自己放入销售之中。我常觉得，**我宁可少一点客户，以提供他们所需要的服务，也不要空有一大群客户而不能好好提供服务**。"

约翰的双胞胎弟弟尤金虽然已去世多年，但他一定会感到很骄傲。

教学相长

乔尔·沃尔夫森（Joel Wolfson）是两个著名青少年夏令营［柯克

兰男子夏令营（Camp Kirkland）及温格女子夏令营（Camp Wingate），地点都在马萨诸塞州亚茅斯］的创办人及负责人。

我第一次见到乔尔是在佛罗里达州的迈阿密，当时我正在巡回促销我的书《把任何东西卖给任何人》。我是在我住的那家旅馆的游泳池见到他的。在游泳池这个坦诚相见的地方，比较容易显得人人平等。

我是一个高中就辍学的人，而他是哈佛大学的文学学士，也是波士顿大学的教育学硕士和数学专家。

他的学历以及其他许多荣誉头衔就够你头昏脑涨的了。他曾在小学及中学任教，也担任过资优儿童教师。他替学校建立了一套教学器具的使用指南，也替学校编制预算，并身兼几个委员会的主席或成员，他涉猎的领域从联合基金到心理健康，从营火女孩到职业教育。他现在是哈佛科德角（Cape Cod）俱乐部的总裁，夏天时，他是两个夏令营的负责人（也是创办人）——一个是男孩的夏令营；一个是女孩的夏令营。

这一大堆的惊人成就对我的背景和经验来说完全是陌生的。他已婚，有 4 个孩子。

相信我，我对他的印象十分深刻。有个老笑话可以说给哈佛人听——但不要说得太多。这个笑话应该是耶鲁（Yale）大学的学生说出来的，或许真实程度不高，不过那不是笑话的重点。我发现乔尔在听我说话时，与我听他说话时一样感兴趣。这个人一生中的大部分时间都在把他的服务销售给别人，他销售自己时是如此地充满趣味与启发性，以致我和他在迈阿密相处的时间飞一般地逝去了。

他是如何销售自己以及自己的服务的呢？他很专注，是一个很好的听众，他对别人表示关怀，毫不吝惜地付出爱。这是他后来告诉我的话："乔，我开始我的职业生涯是出于一个机缘——我去担任夏令营的辅导员。我发现我可以领导一群五六年级的学生，因为他们非常需要我正面的关注和爱。"

乔尔说，正面的关注和爱永远都不能从任何具体的产品中得到。煮饭的炉子不能给你关怀，家中工具房里的锯子也不能给你关怀。商品销售员当然可以给你关怀，也应该给你爱，不过他们很少这么做——除非他想追求他的女性客户。

乔尔继续说："作为一个年轻的老师，我发现了同样的道理。因为学生想取悦我，所以我能更有效率地教他们东西。我发觉，一个人在仿效别人的行为，或改变自己的言行举止之前，他必须先有一种欲望，想跟他的老师一样，或是对老师这个职业十分敬重。这需要选择教育工作的人付出许多心力，因为其间是容不下虚伪和负面感受的。"

"身为公立学校的管理者及督学的顾问，我花了许多时间来销售我的诚恳和关怀，以提高教育品质。"

"身为夏令营的负责人，我的工作就是要激励辅导员，让他们把所有的东西都教给夏令营的成员。请记住，这种努力获得的金钱回报比其他夏季工作都少，但要求的付出却更多。"

乔尔指出，就像我之前所说的，销售服务的人可能会发现，他们领到的薪资可能没有一般商品销售员多。不过，其中的满足感和回报是金钱无法比拟的。我的朋友乔尔得出了下面的结论：

"每一种人，不论扮演哪一种角色，对于别人给他们的关怀都会有所回应。销售你的服务，方法之一就是当个好听众，发自内心地回应。因此，**自我销售不是一味地吹嘘自己的成就，而是向别人展示，你有确定的生活目标及生活方式，让你的'客户'感受到你的成功，想和你并驾齐驱。**"

如果在我的书中，有任何人值得佩戴"No. 1"的领夹，那就是乔尔了。

向解决问题的专家学习

我的朋友悉尼·卢茨（Sidney Lutz）博士是一位心理学家，他也是密歇根南部悉尼·卢茨学会（Sidney A. Lutz & Association）的总裁。如果说有人能销售抽象事物，那么他就是这个将理念融入服务的人。

他的服务基本上是"解决问题"。他销售的是"更新的方法"，以找到问题（别人或其他组织的问题）所在，并提供解决之道。

据卢茨博士说，他所销售的服务包括："咨询服务，以刺激、创造或实现工作改变；将结果和结论清楚而简单地展示出来；通过他的服务，帮助客户经营得更有效率，创造更多利益。"

他成功地销售自己以及他的服务，其方式并不是要在所有的领域都取得成功——贪多嚼不烂。

"那是我销售自己的唯一方式，真的。虽然我在传播方面具备了许多技术，特别是摄像技术——事实上，我曾经自己拍摄了影片，参与了其中的许多过程，包括掌镜，但我有许多朋友随时待命。他们是我的'专家群'，有社会工作者、法律界人士、工程师、教育界人士、医生和心理学家。如果必要的话，我甚至会用不同的语言来销售我的服务。"

他的工作对象包括个人和企业，但重点放在企业上。悉尼在计划、研究、写作、设计、访问、广告、组织和规划等各方面都很活跃，他的工作对象从非营利性组织到庞大的工厂，从私人公司到政府机构都有。

"我的方法是这样的：我把所有组织看成很大的家庭——就像联合国是世界各国的大家庭一样。家庭中有争执时，大家都需要透透气，家庭的力量也需要加强，家里的问题也必须设法解决，这些组织也是一样。那要怎么做呢？"

"自我销售牵涉了一个很重要的部分，就是你如何融入你的工作对象——这些商业家庭的成员。我想你只要站在他们的立场考量，想想他们对于你传递的信息会有怎样的回应就可以了。我们替一家汽车公司设计了深度的训练计划，其背后的哲学就是如此。我们要以这家公司的方式来思考，以它的方式来忧虑，以它的方式来期待，并思考它对我们提供的服务会如何回应；你必须设身处地替客户考虑。"

"事实上，在将你和自己的服务销售给客户时，你必须像条变色龙。当你为某个组织或某个人工作时，随着处境的不同，你必须能够立即变换颜色。"

"你必须了解客户的背景、需要及他们来自何处，还有他们带给你什么样的生活经验。你必须敞开心胸，接受许许多多的经验，才能被你的客户接受并解决问题。"

悉尼提醒我，这一点在我的例子里最为真切。他使我想起了我办公室墙上的照片，那是我小时候当鞋童时的模样——他说这提醒了我，一个小小年纪就得上街谋生的孩子。虽然我从来没有用这样的方式思考过，但悉尼简洁的话的确帮助了我，让我在销售汽车时与客人建立了很深厚的情感。

"一个人拥有越多经验，"悉尼相信，"不论是在生活还是在工作方面，他就越能把自己的服务销售得更好。你越能和人们建立情感，你也就越能销售自己。"

简要地说，我这位朋友，悉尼·卢茨博士的忠告是，增加你的生活经验，特别是与人际有关的经验。这是销售抽象事物最好的方法。积累经验永远不嫌晚，经验有限会限制你销售自己和销售服务的能力。"事实上，"悉尼下了结论，"我认为限制自己生活经验的人就像靠燕麦片过活一样。他们很少与生活以及周围的世界接触，一个只吃燕麦片的人会无精打采、脸色不佳、毫无生气。"

我要在悉尼的话里加上一句，销售你自己，不要销售燕麦片。毕竟，你销售的是一种服务，而不是产品，对吗？

手术床边的个人包装

我的朋友，亚瑟·沙斯基（Arthur Seski）博士是底特律非常成功的妇科医生。我认识他很多年了。当然，他销售的对象都是女性。他不只是妇科医生，也是产科医生，我的孩子都是由他接生的。

我初识沙斯基医生是在 1953 年，在一个很特殊的情况下。我的妻子琼突然患了致命的疾命，她的病因并不重要，不过必须求助于妇科专家。我急忙把她带到圣法兰西斯医院，我问那里的护士："这里最好的妇科医生是谁?"当时，我急坏了。护士毫不犹豫地告诉我："亚瑟·沙斯基博士。"

当时是凌晨 3 点，我打电话给沙斯基医生，请他到医院来看看我太太。他从来没听过我，在那个清晨，他的睡眠被打断，他大可以把我当作发疯的丈夫，需要特别的关注。可是他没有。我想，沙斯基医生是受到了毕业时誓约的引导。其实我知道他是的。在今天，很难叫动医生前来出诊，但对沙斯基医生来说这算不了什么。他毫不犹豫地立即回答："我马上来。"我挂断电话没多久，他就到了。

他把我太太推到手术室，紧急开刀。出手术室以后，他要求见我。他给我看了一个注射器，里面装满了液体。他很坦白地说："如果没有这个，你太太今晚可能活不了了，吉拉德先生。"

这个人伸出了他的援手，他关心一个女人的安危以及我未来的福祉。感谢上帝让当时医院的护士推荐了他（后面你会了解到这种多米诺骨牌效应）。他救了我妻子的生命，如果不是这样，后来就不会有小乔和格雷丝了。

我永远不会忘记他在另一次伸出的援手。其实，我很难忘记，因为那一天（1954 年 5 月 30 日）是我外婆维塔·斯塔比尔的生日（之前我提过她），也是诺曼·文森特·皮尔博士的生日。这一次我之所以打电话给沙斯基是因为我另一位祖母，吉拉德祖母生命垂危。"可是，吉拉德先生，我是妇科医生。"他说。不过，我还是求他来。他立刻就赶来了。他告诉我，我们能做的就是让她舒服地走。他无法医治她，不过那不是重点，重点是他伸出了援手。这就是销售自己以及你的服务的精神所在。

他的专长是妇科和产科，那表示他的服务包括给予和舍弃。他努力改善病人的生育能力，或者通过外科手术将威胁生命的东西从身上移除。他必须在这两个领域中成功地销售自己。沙斯基博士待会儿会说明他是怎么做的。不过，先来看看他起步的过程。

"我刚开始时是这样销售自己的，"他说，"刚开始执业时，我会带着我的名片去参加每一场我被邀请前往的婚礼。我会把名片发给年轻人或其他人——任何可能会有宝宝的人，包括新娘。其中，有些人后来会到我的办公室来，我待他们如同家人一般。我想，尽力为人们做些事是很重要的，我当时就是这样对待我的新病人的。其结果是，他们走出我的办公室时会说：'这个医生还不错。'"

在产科方面，沙斯基博士是在做给予的工作。可以这么说，最后得到的是一个新生宝宝。

"如果你是产科医生，"沙斯基医生说，"你会发现自己是在用意想不到的方式自我销售。在整个怀孕过程中，你发现自己成了某种替代品。我发现许多准妈妈把产科医生当作所有人的替代品，包括她的丈夫。有的病人很黏医生，不过这种依赖性通常只是暂时的。你必须尊重并且习惯病人的想法，毕竟这是为了她们好。"

"在产妇分娩后，我发现必须处理病人的抑郁症，我们称之为'产后抑郁症'。因此，当妈妈快离开医院时，我会跟她说：'你现在有两个宝宝了——另一个是你的丈夫，在照顾宝宝时也得照顾他的感受。'"

事实上，我的朋友沙斯基医生除了销售自己之外，还销售了安心、放松、信任、希望和信心——这些都是抽象的。而这些在他从接生婴儿的领域跨入妇科的领域时，无疑也很重要。妇科处理的是病人的生育系统，常常必须动外科手术。他处理这种"服务"的方式如下。

"如果我建议病人做某种特殊的治疗——比方说，手术，我会详细地跟她解释整个程序：我们会做些什么，期望获得什么结果。我也以同样的方式表现给病人看，我是很合格的，我是医学院的教授，也是几家医院的医生。我要让他们知道，他们在我的手中很安全。"

"通常这样做都能让她们很安心。最重要的是，我提出治疗建议之后，会让她们回家想一想。我不会抓起电话，立刻帮她们安排时间，除非状况紧急。对我来说，立刻安排只会增加病人的压力——丢失了我销售服务的机会，甚至丢失了销售我自己的机会。"

"病人很欣赏这种治疗方式。因为我发现她们很快就会回来找我，问我进一步的意见。或许她们感觉其他的医生只是草率地应付她们，那不一定是事实，但她们很可能会这么认为。所以，我让自己的服务里有个放松的时段——可以仔细想一想的时候。我认为，这能让来找我的病人感觉更舒服。接着，如果我建议她们住院的话，她们通常会接受我的安排。"

"不过，**除了首先要让她们安心之外，自我销售还包括很多**。我在医院都会保持一种心态。我很高兴地来上班，脸上挂着微笑——这是唯一的方式，而且从一大早就开始了。"沙斯基博士是医院里最早来的几个医生之一。

"如果下午安排手术，我会尽量让病人不要紧张，确保她完全放松。可能的话，让她的家人也陪在身边，最好她的丈夫就在手术室外。"

"进手术室后，我做的事与其他医生很不一样。我在手术前和手术后都与病人一起待在手术室里。手术前，她被麻醉后，我会握着她的手，让她知道我在身边。这样一来，病人能得到额外的安全感。很多病人都很担心（甚至是恐惧）帮她动手术的是别人，如果你待在她身边，让她们安心，她们就会很快地放松并入睡，麻醉也不会有任何困难。在这些小细节上我都能向病人销售我自己。"

"手术之后，一天之中我至少会去看病人几次——早上和下午，即使在休假日也一样。我进到病房时先愉快地说声'早安'，唱歌或吹口哨，然后说，'花儿，起床了，太阳公公我来看你了!'"

沙斯基医生告诉我，当病人出院后回来做例行检查时，进到他的办公室都会很期待他的歌声。

跳过唱歌那部分，如果我有幸成为世界上第一个生小孩的男人，我一定找沙斯基医生帮我接生。

沙斯基医生的服务是提供给女性的，所以我在本章也要列举几个女性的例子。一位是黛文·贝尔（Delvern Bell），市中心银行的出纳员；另一位是玛丽亚·佩森提尼（Maria Piacentini），从事地产的销售员。

贝尔小姐说："我处理银行里的各种事务，包括兑现支票、对账等所有服务以及满足客户需要的银行事务。我发现，如果工作时带着微笑，并随时保持愉快的心情，那么我经手的每一位客人在接受服务时都会有好心情，我也是一样。当我感觉愉快，并看见这种快乐也反映在客户的脸上时，我就知道在销售银行服务的同时，我也销售了自己。"

佩森提尼太太说："当然，产品（房子）很重要，但我不认为自己是在销售建筑物或地皮。**我销售的是人，我提供的服务是让人们彼此的期望契合，不论他们是要将房子卖出去还是买进来。我的销售方式应该被视为这样：我是和他们一起销售，而不是替他们销售；同样，我是和他们一起采购，而不是替他们采购。**我和他们成为一体，而不是站出来帮他们工作。他们喜欢这种方式，我也喜欢。"

现在就行动！

- 不论你的职业是高尚的还是卑微的，都要有盖教堂而不是铺砖头的精神。
- 找出你所提供的服务背后的理念；这比产品本身的利益或服务本身的价值还重要，这是你对你的服务所抱有的心态。
- 你真正拥有的是态度，毕竟你没有具体的产品可销售；没什么东西能让你提起来、触摸到、搬动、进行操作或者看见。
- 遵循销售策略的部分或全部步骤，如果它适用于你的话。
- 在销售你的服务时，遵循销售精神的 4 个法则。

第 17 章

销售自己却不出卖自己

现在，我们来谈谈正直这一人格主题。正直是一个很大的主题，你可以长篇大论，也可以一言以蔽之。

我想做的就是简短地说明。不需要太多言语的修饰。要不就是对自己诚实，要不就是不诚实。你要不就是了解自己，要不就是不了解。如果你并没有对自己诚实的话，那么现在是改进的时候了。如果你了解自己的话，那么现在也是努力找出真我的时候了。

正直就是能勇敢地坚守真正的自己。如果你并不是很正直，或者你认为自己并不是很正直，那么至少你对这种想法很坦诚。不过，这种想法是从哪儿来的？你知道自己是个有原则的人，不能被收买，连自己也不能收买你自己，而且如果你坚守这种信念的话，那么你的正直就是最值得骄傲的。

正直被损毁的原因是出卖，不论基于何种理由。有的人是为了钱而出卖，有的人是为了声望而出卖，有的人是为了权势而出卖，有的人是为了权力而出卖，有的人是为了受欢迎而出卖，有的人则是因为恐惧而出卖。

人们在提到出卖时，通常指的是出卖别人：贝内迪克特·阿诺德（Benedict Arnold）把美国出卖给了英国；犹大（Judas）为了 30 块银币出卖了耶稣。不过，在你出卖别人时，你其实出卖的是自己。同样的道理，若你开始出卖自己，则不久之后你就会出卖别人。把出卖自己的"出"字拿掉就是"卖自己"，也就是销售你自己，这样我们就回到了原点——自我销售。

本章将简短地说明坚守原则、不妥协所能带来的正面效果。我会提出一些指导原则供你实施，这些原则有些是我自己的，有些是别人告诉我的。

本章将不会提到任何我认识的人出卖自己的例子。为什么？因为我不认识这样的人。记得我曾一再地劝告，要和赢家交往，要和第一名的人交往，不要和输家在一起。输家会一直出卖别人和自己。他们出卖自己时会这样说："我想多花一个小时来寻找潜在客户，不过我实在累了。"或者会说："我知道我应该去解决谁和谁的问题，但是我宁愿和朋友去吃午餐。"又或者会说："去吞云吐雾一番比带客户去试车有意思多了。"再或者会说："在这个公司靠能力是无法升迁的，所以我想我得多拍拍老板的马屁。"

你知道这种人。你也了解我。我是不和输家在一起的。我不想听他说些如"我好可怜"之类的悲哀论调。他们缺乏坚毅的精神。

那么正直又是什么呢？有人说是你对自己的感觉，你知道必须以真我来生活，每天早上在镜子前刮胡子或化妆时都能面对自己，不论情形如何。不过，听好，各位男士以及各位女士，正直就是你不出卖自己或别人时的方式及场合。

许多运动选手被人控告以某种方式出卖了自己和别人，这些指控有些属实，有些则未经证实。比如很多拳击手在比赛时故意倒下，趁裁判读秒时休息。有些足球运动员或篮球运动员故意输掉比赛。有些曲棍球运动员也故意输掉比赛。很多人下赌注时都押错了对象，因为应该会赢的那个人出卖了大家。我不打算列出任何名字，不过你心里应该马上想得到。你知道我在说些什么。

在国际舞台上，在国内或州政府，都不缺少出卖国家、出卖原则、出卖荣誉、出卖选民的政治人物。评判一个人的对错，总是会有许多争议之处。有些人认为，英国国王爱德华七世（Edward Ⅶ）出卖了英国，因为他决定退位，以迎娶他心爱的女人。也有人认为他的行为不是出卖，他坚守了自己的原则，英国是被诅咒的。

你能相信有许多人竟期待别人有出卖的举动吗？那似乎变成稀松平常的事了。几个星期前，我一位从事建筑业的朋友去参加一项竞赛，争取高速公路下排水沟渠的建筑权。他对我说："乔，我得不到这笔生意。"

"为什么？"我问。

"除了我以外还有 3 家公司来参加竞标。我刚得知它们的报价都比我低。我的喊价已经很低了——这边减一点，那边减一点。不过我不会用便宜的材料——我有我的原则！这个城市之所以有许多桥都摇摇欲坠，需要好好整修，就是因为当初用的水泥太差了。我竞标就会用最好的材料——不会被风沙和海水侵蚀的。我得不到这个标了。"

没错，他是没得到这笔生意，因为他不愿出卖别人和自己。悲哀的是，那些竞标的人都知道游戏规则。他们甚至期望这种腐败的现象。我的朋友没有中标，但他心无愧疚。

我想起一个有关太空人的笑话。问题是："我真怀疑，太空人在外太空绕行，得知自己坐的这艘太空船是招标制造的时，他的心里会有何感想呢？"还好这只是个笑话，不是事实。

不过，那些不愿出卖自己的人也别放弃希望。相信我，**坚守原则一定可以获得胜利**。《纽约时代杂志》（*New York Times Magazine*）的记者约瑟夫·卫斯邦（Joseph Wershba）报道了一个故事，是关于爱德华·默罗（Edward Murrow）的。约瑟夫在 20 世纪 50 年代认识了默罗，当时正值"麦卡锡主义"引起全国注意的时刻。默罗打算邀请麦卡锡参议员上 CBS 电视网的节目《立即透视》，而 CBS 董事长威廉·佩利（William Paley）表示了默许。默罗有绝对的信心不会得罪节目赞助商美国铝业公司（Aluminum Company of America）。为什么？因为默罗之前就已经表明过他的原则。记者写道："几年以前，美国铝业公司同意赞助《立即透视》时，默罗就和这家公司的一些高级管理人员碰过面。当时有个人问他：'告诉我，默罗先生，你的政治立场是什么？'"

"'各位先生，这不关你们的事。'默罗答道。"

"美国铝业公司不但没被激怒，还很兴奋地说，'我就知道你会这么回答！'美国铝业公司接受了默罗，从未企图影响他的节目。"

不论是在娱乐、传播、销售、政治、运动、商业、教育、制造等领域，还是在任何其他领域，**只要你坚守原则，你就能成为赢家**，根本不必当个输家。

如果能遵行下面这些事项，你就能一直维持你的正直和原则。只要奉行这些指引法则，你就不会有出卖自己的危险。

如何避免出卖自己或别人

1. 维护你的好名声；

2. 结交正确的对象；

3. 坚守你的原则；

4. 不轻易妥协；

5. 试着说"不"。

我们一项一项来讨论。

1. 维护你的好名声。每一个人来到世上之后不久就会得到一件礼物——一个名字。有的人有好几个名字。有时候，女生可能会换个男生的名字。或者，有的人喜欢中性的名字。很多人一生都被人以绰号称呼。有的人甚至上法庭更改他们的法定名字。也有些人以笔名或艺名闻名。

不论你的名字是什么，好名声都是很重要的。你的名字和名声应该要没有任何污点。或许你一开始就有个好名声，终其一生都维持得不错。不过也有可能你的名声受到玷污，若果真如此，你就要尽一切努力擦除这些污点。尽一切努力。

你的名字应该代表诚实和真诚。它应该是值得敬重的。那是你的注册商标。不让自己变成 X 品牌是很重要的。你的目标应该是：人们提到你的名字就想到赢家的形象。

然而，不幸的是，提到某些名字即表示失败。

想想近代史上几个和"出卖"联系在一起的名字。1938 年，英国首相内维尔·张伯伦（Neville Chamberlain）和希特勒会面决定了捷克斯洛伐克的命运。张伯伦以为回国之后他带来了"这个时代的和平"一事会被人传颂。可事实恰好相反，他的名字永远都和"姑息养奸"联系在一起。

挪威纳粹领袖维德孔·吉斯林（Vidkun Quisling）在第二次世界大战期间背叛国家投向敌人，希特勒因此授予了他政权。吉斯林放弃了他的好名声。从此之后，quisling 这个词的意思就变成了卖国贼。

另外，想想近代史上有哪些人是拒绝出卖自己的。

在古巴导弹危机时期，当时的安全部部长阿德莱·史蒂文森严正拒绝向右派势力妥协，他平静地说："各位，我准备一直待在这里，除非铁幕冰封，否则我们的立场绝不会动摇！"全国人民都在电视上看到了他。

即使身后有全球炙手可热的汽车公司在施压，拉尔夫·纳德（Ralph Nader）也仍然拒绝收回自己所说的话，他宣称考威尔（Corvair）汽车在任何速度下都不安全。全国每一个消费者都很感谢他。

即使我的销售打破世界纪录，我仍然可以骄傲地说，我拒绝销售考威尔，虽然我可以从中得到许多利润。我尽力让客户买别的产品。

你看，我也得把名字放进我的销售里面。我得维持好名声。

我有位作家朋友告诉我，他从未忘记他爷爷的葬礼。这个老人是个农夫，死后几乎什么都没有留下。他失去了田地，房子和谷仓都被火烧掉了，他的牲畜全跑光了。他留下的只有好名声。他的墓志铭简短而动人，只刻了几行字："有些人死后留下了他们的名字，并没有留下什么纪念。他们的肉体在土里安息；不过他们的名字永远流传。好名声比家财万贯更受人敬仰。你的名字多么优秀。"

不论你的名字是什么，是汤姆、狄克还是哈里，都别让任何事玷污了它。

在签署《独立宣言》（*Declaration of Independence*）之前，本杰明·富兰克林（Benjamin Franklin）曾说："各位，我们必须团结一致，否则就会被各个击破。"然后借着这个原则，他们拿起笔，签下了名字。《独立宣言》的签署不仅给了我们一个自由的国家，也在英语里造出了一个说法："Put your John Hancock on it"（写上你的亲笔签名）。

要让你的签名随时保持清白。

2. 结交正确的对象。大家都知道这句话："要判定一个人，可以从他的朋友来看。"

职业橄榄球史上最有名的四分卫之一被人告诫，若是不戒掉泡酒吧的坏习惯，就要把他除名。橄榄球队不喜欢他交往的朋友，那和职业橄榄球的水准不符。

美国职业大联盟最受欢迎的投手也因为同样的原因，导致职业生涯岌岌可危。

因扮演匪盗角色出名的知名影星被禁止在英国工作，因为他涉嫌赌案。

汽车工业界一位很受敬重的人物遭人谋杀。他死后有人揭露了事实，他涉嫌和一份黑名单上的人物交往，甚至连他的太太都不知道。

我告诉了你这么多例子，或许你自己也可以马上想出一个。事实是，**你的声誉——不论它多么纯洁无瑕，通常并非受你言行的影响，而是由你所结交的人来决定**。

比方说，一个学校教师如果晚上常到酒吧去寻找风流韵事，他又怎么能维持正直的名声呢？在这样的酒吧里曾经发生过谋杀案，后来有人根据这个题材写了一本书并拍成了电影，名字就叫《寻找顾巴先生》（*Looking for Mr. Goodbar*）。

因此，**守则之一就是要远离这种是非之地，不要去那种会让别人误以为你有不良爱好的地方**。

避免进入危险场合，以免到头来别人还得想尽办法来拯救你，看看你究竟死了没有。

别去天使害怕涉足的地方。

不论在社交中、生意场上还是其他场合，都别让人看到你与名声败坏的人在一起。有时候你可能并不知情，但一旦知情，就要远离这种人。

在生活中要仔细地睁大眼睛观察，要和那些你认为诚实、正直、可靠、值得信赖的人在一起。

不要自命清高或假道学。我想我父亲说的一句话最足以总结这一点。他的忠告就是，让你的鼻子保持干净（行为谨慎、避免惹祸上身）。这是很好的忠告。

3. 坚守你的原则。这是不容易的。

有许多信念是从小就养成的。从学生时代到工作时，以及在生活的其他方面，这些信念都伴随着你。麻烦的是，周围总会有人设法让你放弃这些信念。

千万不要放弃。因为不论人生的路途变得多艰难，多么不确定，这些基本信念都是你依靠的支柱。我有位朋友在社区中心教小孩打篮球。这些小孩很顽皮。有时玩得太高兴，一时兴起，他们索性用"自己的方式"来打篮球。这时候，我的朋友就会吹哨子。"好了，大家，"他说，"我们有些基本原则得遵守。"这些孩子常会很不愿意——不过他们发现，只有那样才能赢球。

坚守你的原则就是站在你知道正确的那一边，即便这样做使你失去了生意，失去了学生，被解雇，甚至失去了朋友。很难，对吗？不过这是唯一的方法。

我认识一个教钢琴的女人。她是很有才华的音乐家，也是很棒的老师。她全靠教人钢琴来维生。"乔，你会很惊讶，"她告诉我，"多少父母亲带着缺乏天分的孩子来学钢琴。一堂课之后，你就知道某个孩子不适合学音乐。即使你告诉他的父母亲，他们也不愿意相信。我必须坚持自己的立场。我不教那些学不会的学生，即使学费很高。有些朋友跟我说："把钱收下来，其他的就别管了。'可是我不会这样做。如果我妥协的话，收入可能比现在高出 3 倍。可是能骗得了谁?"

每个人的原则不尽相同——通常年轻人的原则比年长的人还多，因为他们经历的时间还不够长，在这段时间里可能会受人影响而出卖别人或自己。而且，原则是会随着时间、时代、全国人民的情绪以及价值观的改变而改变的。我和一些年长我几岁的人坚信第二次世界大战的正义性以及打倒法西斯和希特勒的重要性。一个时代之后，年轻人和我们一样坚信，越战和美国的激进是错的。情境不同，不过坚守原则这一点是不变的。

这些原则是你应该遵守的：诚实、重诺守信、尊重别人的权利和你自己的理想。

我父亲还有另一个关于坚守原则的忠告，很简短，却一针见血："随时保持警惕!"

4. 不轻易妥协。想要成功地自我销售，坚守原则是正面的态度。对你信念的最大威胁就是妥协。妥协这种东西在你的立场动摇之后就会趁虚而入。

妥协就是做出让步的意思。你可能觉得放弃并没有什么大不了，因为别人也放弃了。你或许会向自己"解释"道："哦，我是在适应我的工作和生活。"

不过**你其实是在欺骗自己，当然也就无法销售你自己**。我发现，妥协时陷阱总是比利益多得多。我的脑子也警告我，**对一件事妥协，就是在伤害自己的人格和名誉**。它也可能给你带来危险和嫌疑。

　　避免妥协的最好方式就是做你自己的主人。如果有人希望你学习他们的方式，或是"折中让步"，或是在"疾风中弯下腰来"，那么跟他们在一起是不会受欢迎的。不过，成功的自我销售不代表一定要受到每个人的欢迎。

　　当你妥协时会发生两件事：（1）你欠了别人人情。千万不要欠别人人情。一旦如此，就表示别人能够支配你，或部分支配你。（2）在做出妥协时，你就后退了"一寸"。

　　有句谚语说："得寸进尺。"一点都没错。即使妥协只有"一寸"，很快你就会做出一寸又一寸的让步。不论你向别人妥协还是向自己妥协，道理都是一样的。

　　妥协不仅是出卖自己，而且是一种卖空。那表示你原本能达到某种程度的成功，但是你没有。有可能你大部分的时间都在卖空自己，让别人吞噬你，放弃你的原则对别人做出让步。最糟糕的是，你可能还浑然不知。

　　或许你知道你是在卖空你自己，和家庭生活、工作生活、学校生活妥协，也许你并不自知。心理学家从许多出卖自己的人身上赚到了无数的钞票。我不是在打击心理学——我有些很好的朋友就是心理学家。在心理学上有许多方式能让你更了解自己——比方说，认知训练的课程，或许你可以考虑参加。我无意推荐或贬抑这些东西，只是想让你了解，如果对你有效，那就再好不过了。

　　而你越了解自己，就越不容易妥协。你就可以对自己说："等等，这个人要我对某些事做出让步，为什么？"永远记得，如果有人想要你退让一点，那么只代表一个事实：你的位置已经把他逼到墙角，除非你让一点，否则他不会快活。一旦你照着他的话做，你就会受到他的控制。

我有位朋友是汽车工业的制造商。他专营本地市场，并用卡车来运送货物。几个月前我们一起吃午餐时，他告诉我："乔，我有一个车队，你知道的，大约 9 辆或 10 辆车，吃油吃得挺凶的，而且我得雇用驾驶员和工人。不过，它是我的车队，我能够掌握状况。如果某家店在两天前告诉我需要哪些货，我会帮它安排。我说个时间，货物就会准时送到。"

"我知道，"我问他，"重点是什么？"

"一些卡车运送公司告诉我，我不需要自己的车队，我应该把卡车卖掉，把员工缩减到 20 个人。"

"然后把运送交给它们负责？"我说。

"对。它们说这样可以省钱——我不知道可以省多少钱，不过它们正在评估。问题是，这样一来我会无法控制状况。如果我让外面的公司帮我运送，那么在我答应客人时，我只能期望运送公司帮我准时送到。我想我并不在乎。"

"不在乎是否准时将货物送到？"

"不，不，不在乎我能省多少钱。如果在运送方面做出妥协的话，我的声誉会受损，客户就不会再信任我。我不想让卡车公司来操纵我。"

他的话跟他的人一样好。结果他并没有听卡车公司的（或许真能替他省钱），而是仍然拥有自己的车队。对公司已经建立起来的声誉妥协，并不是他做生意的方式。

让我们不论在事业还是在生活方面，都别妥协！

5. 试着说"不"。"不"字非常简短，却有无穷的效用。不过，对某些人来说，世界上最难的事就是说"不"。对每个人都说"是"会让你陷入艰难的处境，阻碍了你的自我销售。更糟糕的是，这些陷阱会使你出卖自己。

其实说"不"有时候比出卖自己还难。出卖自己——让别人耗去你的时间，让别人勉强你或胁迫你，让别人说服你替他们做事，简言之，就是让别人推翻真正的你。

想想生活中有哪些时候，你把"是"这个字脱口而出，或者因为遭受逼迫而说"是"，又或者因为心中怯懦而只好说"是"？

你愿意加入这个委员会吗？嗯——好。

你愿意负责停车吗？嗯——我想应该可以吧，好吧。

你可不可以帮个忙，借给我上课的笔记，我抄得不太完整？嗯，这……好吧。

你介意……你可不可以……你能不能去……你可不可以给……？这一类的问题数都数不清。你最后一次勇敢说"不"是什么时候？

不行，我不想加入你们的保龄球队，我没有时间。

不，我没办法读这本书，老实说，我不太感兴趣。

不，我不想拿东西给教堂义卖。为什么？那是我的事。

头几次你试着说"不"时，可能会吓到别人，因为他们已经习惯听你说"是"了。这个"是"字让你每一次都出卖自己，只因为你没有勇气说"不"。不过，别担心不再唯唯诺诺之后就无法销售自己。事实上，没人喜欢只会说"是"的人。有时候，你只有坚定地说"不"，别人才会敬重你，不再那么勉强你；一旦你学会说"不"，你说的"是"就会比以往更有分量、更有意义。

这是否表示你不再是个好好先生了？当然不是。有的时候，你会真心地想说"是"，而且在那种情况下你也应该说"是"。你并没有背弃你的义务，没有背弃你的朋友和教会、你的俱乐部或你的邻居。你只是不再让自己成为所有人依赖的对象。

我总是说——特别是以前还是销售员的时候，在工作上我从来不会说"不"。我喜欢这么激励自己。不过事实上，我是经常说"不"的，那对我很有益处。

我很喜欢一位年轻牧师告诉我的故事，这个故事和祈祷有关。"乔，"他说，"每个人都会祷告，也就是说，大多数人都想要求一些什么，如让我找到好工作；让我的孩子乖一点；上帝啊，帮助我早日康复；等等。然后他们会来问我：奇怪，我向上帝祷告，但是他并没有回应。我笑着对他们说：上帝回答了，他的答案是'不'。"

上帝可以说"不"，你当然也可以。

以上就是五项简单的法则，它们可以帮助你不出卖自己，当然也可以帮助你销售自己。你可以不出卖自己，同时不断地向人销售你自己。我去看了莎士比亚的舞台剧，莎士比亚有句很好的忠告，他说：

愿你不舍昼夜，

忠于自己。

现在就行动！

- 决心实行五项指引法则，就从今天开始。
- 要知道，把出卖自己的"出"字拿掉，剩下的就是卖自己，也就是销售自己。
- 把莎士比亚的话写在纸上，贴在浴室的镜子上、办公室的墙上、学校的柜子上、车子上，或放在皮夹、皮包里。

第 18 章

吉拉德的连锁奇迹

大家都知道多米诺骨牌效应。将骨牌排成一直线，推倒第一块，其他的就会接二连三地倒下来。

我曾在一个电视脱口秀节目中看到骨牌表演。节目中的来宾是一位年轻人，他在表演骨牌时让人目不暇接。骨牌被小心翼翼地一块接一块排好，几万块骨牌被排成各种各样的图案。其中的高低起伏比山路的坡度还大。排好之后，年轻人准备开始验收成果。

他用手指轻轻地推倒第一块骨牌，骨牌开始动了起来，他也笑了。哗啦，哗啦，哗啦，哗啦。第一块骨牌释放出的力量不断地增强，传遍了其他所有的骨牌，经过曲折的路线和螺旋的图形，一排接一排地倒下去。这一切非常有趣，同时也以一种我们从未想过的方式，展现了自我销售的成功力量。

这是连锁反应。

你一定在马路或高速公路上看到过，交通阻塞、下雪、下雨或发生某些特殊状况时，一辆车紧跟着一辆车，突然前面的车停了下来，后面的车却来不及刹车。于是后面的车撞上前面的车，前面的车又撞上更前面的车。最前面的车根本来不及反应后面几辆车发生了什么事。而最后一辆车没想到引发的动力竟传了那么远。

这也是连锁反应。

它的结果可能很糟糕。不过它的原理具有很大的正面价值。没有人在自我销售时想被推倒。没有人想在车阵中被人前后追撞。不过，**让你生命中的骨牌站立起来，而不是倒下去，是绝对可行而且很简单的。要利用生命中的动力从困境中跳出来，而不要陷进去。**

250 法则

我常把这个法则称为 250 法则。以前我只对这个法则的负面效应提出警告——它可能对销售有害。现在，我要强调的是它对生活以及自我销售的正面效用。

我们居住的世界充满了因果关系。某件事的发生可能影响了其他事或其他人。产生的结果可能又影响到另外的事物。因—果—因—果，谁知道终点会在哪儿？

许多年前，我为了探究因果效应，给了这个法则一个数字：250。这个数字是有事实根据的。看过《把任何东西卖给任何人》这本书，或者听过我在演讲中提到这个法则的读者应该都知道，最早是一位替人办葬礼的朋友向我介绍这个概念的。

身为汽车销售员，我常发现，公司某些款式或颜色的汽车常常缺货，有些却剩下许多库存。我一直在想：为什么没人知道应该订购多少数量，一缺货就可以马上补进来？

于是我问这位办葬礼的朋友，他是如何估计纪念卡——就是放在入口处，印有死者姓名、出生日期及去世日期的小卡片，供亲友拿取——的印刷数量的？

他告诉我，根据经验以及"平均数字"来看，250 是个魔术数字。准备 250 张卡片，不会太多，也不会太少。

"很奇怪，乔，"他告诉我，"不过，每一个人代表了其他的 250 个人，即使死后也是一样。"

后来我和一位印刷商朋友确认这件事，他告诉我，婚礼也是一样——不论是邀请卡还是事后寄出的结婚通知都是一样。

"乔，经过这么长的时间，我发现，印刷喜帖、秘密结婚或私奔之后，决定昭告亲友所印的结婚通知，它们的份数都是 250。"

最近，我对这个数字又有了一层不同的认识。当时我在迈阿密演讲，我提到了"250 法则"。演讲后没多久，在旅馆里我把我的作品销售给我的朋友——从马萨诸塞州来的乔尔·沃尔夫森。里面当然也详细地提到了这个法则。他读完这本书后感到很惊讶。

"乔，"他说，"我最近和一些人一起研究犹太会堂要盖新建筑的事，我是那个会堂的董事。我们遇到了一些问题，其中之一就是这个新会堂要盖多大？我们需要举办仪式的空间。我们研究了很久，根据过去的经验和实际需要，我们确定的空间大小必须能容纳 25 张圆桌，每张桌子坐 10 个人。"

他眼中闪出兴奋的火花。我知道他接下来会说什么。

"乔，你相信吗？250？"

我当然相信。

你是否注意到了，很多酒吧、酒馆或著名的餐厅，里面会标示"座位 250 人"？在许多电影院里也是一样，它们会有一个小标志，通常是消防单位要求贴上的，上面写着可容纳 250 人。我有个朋友活跃于社区剧院。他说某个业余团体在当地的表演厅刚好有 250 个座位。这个团体卖出的票只要超出一张，就必须向消防单位报备，他们会派人来特别照看一下。250，你也可以找找看。

根据这项法则，电影票、餐厅、书籍、医生（如牙医）服务等才能销售出去。最棒的是，它也可以销售人。它可以销售你。

身为销售员，我总是会把客户的资料建成档案。我想我建立的这些档案是全国最有价值的——不然怎么能在一年里卖出 1 400 辆新车呢？

有一天我坐下来看着这些档案。有个事实突然重重地敲醒了我，这些档案中的每个名字都代表了另外的 250 个人，这 250 个人中的每一个又代表了另外的 250 个。如此推演下去，我算得头昏脑涨，根本不可能计算出来。此时我首次发现了 250 法则可能产生的负面影响。理由已经很明显了。

或许是因为大部分的销售员，包括我自己，都以为多数人对我们印象不佳，认为他们会说"他不过是个销售员"或者"小心高血压先生！"等诸如此类的话，我才把 250 法则朝消极的一面去想。

我如是告诉自己以及其他销售员，并在书中写道："**如果你卖东西给某个人，而他并不满意，他就会告诉别人。最后，通过连锁反应，有 250 个人会知道这件事，然后传给更多的人。**所以，要小心你客户说的话。"我警告说："这对你有很大的损害。如果你未能从事公平的交易，客户会觉得他吃了亏，于是他就会告诉别人。所以，如果你得罪了一个客户，可能就损失了 250 个潜在客户。"

别做这样的事。

强调积极的一面

在遇到沃尔夫森之前不久，我开始懂得强调积极的一面，摒弃消极的想法。在这之前，约 20 世纪 60 年代，我的行为和思考方向是"哪些事不该做"。当然，你一定注意到了，在每一章的最后，我都会列出一些"现在就行动"的事项。在这本书里我很少列出不该做的事，除非它能适当地表达我的观点。

1963 年时，我从我的业务经理那儿得到了一个很好的忠告，他要我反向思考，从积极的角度来看问题。我听了他的话，因为他是个自我销售很成功的人。

"乔，"他说，"想想好的结果。这是比较好的方式。当你向一个人销售时，着重于他满意的那个部分，别去担心他会说你的坏话。这样一来，他真的会对你没有怨言。如果他很满意的话，他会去告诉每一个人——你的 250 法则，再加上其他更多的人。跟客户说些正面、积极的好话题，他就会以正面的评价来回应。绝对要给客户一个公平的交易，这样他就会告诉别人你是个正直的人。你期望受到客户怎样的对待，就要以怎样的方式对待客户，这样你就能创造出另外 250 个客户。别再担心你哪里做得不对了。"

他教我的方式是将生命中的骨牌扶起来，而不是推倒。从那个时候开始，我就开始**把 250 法则称为连锁奇迹——吉拉德的连锁奇迹**。

对于你遇到、与之交谈或相处的每一个人，都用这种积极的方式来思考，看看站在他身后的 250 个人，把他们吸引过来。**250 双手会替你创造奇迹，250 张嘴会帮助你自我销售**。相信我，其中彼此牵引的力量是很大的。

听过我这个论调的人，其中有 90% 会问我一些关于吉拉德的连锁奇迹，也就是 250 法则的问题。于是我会不厌其烦地向他们重复上面这个故事。而人们也总是百听不厌。"乔，"他们会说，"你知道，你的法则真的很有道理。"

1979 年春天，我上《迈克·道格拉斯秀》（*Mike Douglas Show*）这个广播节目时，迈克对我说："乔，'250 法则'真是不同凡响!"然后，他的工作人员接着说，"你知道，我从来没有以这种方式来思考过其他人。下次我说错话或做错事时要特别小心了。这真的是你书中很重要的一点。"我告诉迈克和他的同事，就像我先前曾经说过的一样，问题不在于做错事或说错话。重要的是做正确的事，说正面和积极的话。

报酬呢？你收获了什么？

要衡量自我销售的成效并不容易，因此你所能做的就是把自己销售给某个人，让他去解决其他 250 个人。当你还不认识这些人时，很难去衡量长远的效益。没有人能肯定地跟你说："我卖了一辆新车给一个客户，他认为这是一笔好交易，我也把他照顾得很周到，所以我又卖出了 7 辆车，这 7 位客户都是第一位客户介绍的。"

底特律的一位新车销售员说："在 6 个月之内，我卖了 65 辆车。其中 11 辆是靠口碑，这 11 个人说，他们之所以来找我是因为朋友向他们推荐了我。或许还有第 12 个呢，我也不确定。不过，这 11 个客户中的第一个，是两个月前我的一个客户推荐的。所以，连锁效应还在继续呢！"

某培训课程的学员说："不久前我参加了一个为期 4 天的培训，是一位加州的朋友向我推荐的，他说那是一个脑力激荡的好地方。这位朋友也说服了他的另外几位朋友来参加。我上过课之后，又向另外 4 位推荐，他们也都参加了。现在，这 4 位中有 1 位又向另外 2 位推荐，这 2 位也参加了。我不知道照这样下去会延伸得多远，不过至少有一件事是很清楚的——这一切都是最初的那个学员推动的。"

底特律的一位共同基金销售员说："我们的经纪人是纽约证券交易所（New York Stock Exchange）的成员。我花了许多时间在这个董事会里。我有 50 个核心客户，我帮他们做投资损益表。每个人都是通过别人的介绍来找我的。我有一些基本客户，不过我最大的客户之所以来找我，都是因为别人说我做得很好。"

一位大型百货公司的经理说："前几天我到公司的途中差点就被开了罚单，后来警察放了我一马。我不知道为什么我运气这么好，他给了我一个微笑，挥手要我走。或许他太太昨晚对他很好吧。总之，或许是因为我觉得自己很幸福，我发现那天我对所有的专柜人员都报以微笑。那并不容易，因为有时候会听到一些抱怨。我看到这栋大楼里的人也都和我一样。比方说在电梯里就是。有户人家的孙女来找她的奶奶，她们在大厅里说话。我听到那个女孩说：'奶奶，我好久没看到你笑得这么开心了。是不是你的背不痛了？'这个女孩脸上也挂着笑容。她走出大楼时仍在笑，她向来接她的母亲走过去。我看到了这位母亲也报以微笑。那个警察永远想不到他带来了多大的影响。"

伯明翰的一位花店老板说："一个月前，有个人来订葬礼用的花。我们是连锁店，有目录供客户选择需要的款式。他对目录里的成品都不满意。于是他要我自行设计一些好一点的款式，在傍晚仪式开始前送到丧宅。我答应了他，不过我看得出来他走出去时对我没什么信心。可能以前被骗过吧。我遵守了我的承诺。第二天他打电话给我，告诉我花很漂亮，而且准时送到了。我听到后很高兴，之后有5位我从未见过的客人来到店里，每位客人都告诉我他们是听同一个人讲起我的。其中一位女士还说，那个人告诉她，我很守信用。"

给自己相乘的效果

其实前面这些例子都显示了产生相乘效果的做法。**不论你喜不喜欢，你的名声一定会不断地增值。**下面是一个非常好的例子。

很多人写过关于雷·克罗克（Ray Kroc）的事迹，他是麦当劳（McDonald's）的董事长——大麦克（Big Mac）。我读到了关于他的一些报道。他以前的工作是卖麦芽牛奶机给麦当劳兄弟，当时麦当劳兄弟只卖汉堡。后来，野心勃勃而且经验丰富的克罗克先生接管了麦当劳的营运，成为麦当劳先生。他将连锁反应的哲学带入了这家企业。许多人进进出出麦当劳，大家一定会相互讨论。基于因果循环理念，他决心要给麦当劳塑造极佳的形象。

他规定每个分店都得随时保持干净。店里必须一尘不染，他做到了。店里的窗户要像钻石一样闪亮，他也做到了。所有员工都必须遵守店里的规矩。他要十分确定，走出去的客人没有一个是不满意的。不仅这样，他还希望每个进来的人出去时都很高兴。

这个目标他实现了。据我所知，麦当劳是世界上最大也最成功的速食连锁店之一。

想想那个金色拱形的标志，它告诉每个过往的人，麦当劳赚进了许多钞票。**卖出这些汉堡靠的不是运气，而是骨牌效应：人们口口相传。**

每次我经过麦当劳，那个大写的字母 M 对我来说就是相乘（multiplication）的意思。怎样的相乘呢？比方说，假设你每个星期都向 2个人销售自己，对他们产生良好的影响（不论是朋友、同事、员工还是想买汉堡的人）。这样，一年就有 104 个人受你的影响。再加上每个人背后的 250 个人，你就影响了26 000个人。而这 26 000 个人背后还有各自的 250 个人。头晕了吧？想想当你一年之中的每一天都成功地向某个人销售自己时，会有多棒。

难怪大麦克成了亿万富翁。

如果你是运动迷，这里还有另外一种方式。我的朋友亚基·巴格莫（Augie Bergamo）小时候在我们家附近打沙地棒球，后来曾进入圣路易斯红雀队（St. Louis Cardinals）。有一次，我跟他提到 250 法则时，他告诉我："乔，一年影响了 26 000 人，两年后这些被影响的人就可以坐满巴尔的摩金莺队（Orioles）的纪念公园（Memorial Park）球场，或者是辛辛那提红人队的河岸体育馆，还可以塞满烛台球场（Candlestick Park）、老虎体育场、扬基体育场（Yankee Stadium）这些贝比·鲁丝（Babe Ruth）建造的场地。这一定会让凯西·施滕格尔（Casey Stengel）很兴奋。"

在本书中，我一再地提出：**信心会激发出更多的信心；你的正面心态会显现出来；热忱是会传染的；诚实为上，承诺的力量是无穷的；微笑能让你具有魅力；年纪或性别不会限制你的销售能力；你的种族背景也是具有吸引力的。**

但是，**除非你把相乘的符号，也就是吉拉德的连锁奇迹加进去**，否则你不会了解你的信心能走多远，你的热忱能散播多广，真理对你有如何深远的影响，你的承诺又是多么有力，还有你的微笑有多大的魅力。这些都是超过你的想象的。

　　总而言之，我的建议如一，简单而有效，能让你获得相加相乘的效果，把人生的骨牌立起来。

现在就行动！

- 如果你充满热忱，就要将它广为散播；
- 如果你喜欢某个人，就要去告诉他；
- 如果你觉得充满信心，就要把它表现出来；
- 如果你感觉很愉快，就要说给别人听，让他们知道；
- 如果你有微笑，就要跟别人一起分享；
- 如果你做出了承诺，就要践行；
- 如果你能帮助别人，就不要吝啬；
- 如果你知道真相，就要诚实地说出来。

第 19 章

持之以恒的报偿

世界上没有任何事物能取代毅力。才华不能，才华横溢却无法成功的人比比皆是。天分也不能，空有天分却没有成就的人也到处都是。教育也不能，世界上到处都是受过教育的废物。**毅力和决心才会让人无所不能。**

我相信。我不知道这些话是谁说的；如果我知道的话，我会很高兴地把他写出来。不过，这只是我办公室墙上贴的众多箴言、座右铭之一而已。它们的道理看起来或许简单——比方像小时候的座右铭："如果第一次没有成功，就要一试再试。"

我认为，如果座右铭有用的话，就用它吧。如果在办公室的墙上、店里的工具箱上、浴室的镜子上或厨房的炉子上、学校或体育馆的柜子里贴上座右铭能振奋你的士气，就用它吧，而且不要放弃。要不断地做对你有用的事。

本章要说的就是这个：**坚持到底，不要放弃。**小时候的那句座右

铭，关键词就是一试再试。而你生活中的关键词就是坚持下去，直到
你做对了。

泰·科布是底特律老虎队的成员，也是棒球史上不朽的球员，还
是 1912—1915 年连续 4 年大联盟的打击冠军。当时他的平均打击率超
过了 0.41。在那个时候，棒球俱乐部和现在完全不一样，联盟也不
同，所谓的春季集训也不同。泰在接受一个底特律高中校刊的访问时
被问起他是如何得到打击冠军的荣衔的，又是如何多次保住宝座的。
他说："只有一样，就是坚持到底。"他有强壮的手臂，但是如果不能
控制肌肉的话就根本没用，要让身体去实践想做的事。据说泰在比赛
之余会到空地去找一棵树，量好投手到本垒的距离后，他就站在那
边，把球抛起来，挥棒朝树打击出去，一次又一次地练习。练习的次
数越多，球从树顶上飞过去的次数也越多。每个人都会打击，也都会
瞄准，可是只有不断地练习，才能把球打到你想打到的地方，而且想
打多远就打多远。这是身为冠军的人应该知道的。

我曾读过一篇关于博比·琼斯（Bobby Jones）的剪报，他是历史
上最伟大的高尔夫球员之一。他也说过和泰·科布几乎相同的话。

不过，不只运动员提供了典范，其他职业的人通过毅力获得成功
的例子也比比皆是，例如，是毅力使得安妮·沙利文·梅西（Annie
Sullivan Macy）日复一日地教导盲哑的海伦·凯勒（Helen Keller），
最终使她被这个她看不见也听不见的世界接受。

也是毅力使得凯特林（Kettering）发明了汽车的自动点火装置。

是毅力让爱迪生（Edison）回到黑板和电灯旁，直到他成功。他

试了各种不同的材料，只为了选出最适合做灯丝的那一种。如果他的字典里有"放弃"这个词的话，你现在就要借助油灯来读这本书了。

是毅力让贝特·戴维斯（Bette Davis）这个银幕上最具才华的演员之一成功地说服制作，争取到了她的角色。她同时也替所有觉得自己被导演或制片人压制的演员树立了榜样。

付出毅力一定会有回报吗？当然不是。我们的世界很现实。有一天我在明尼阿波利斯吃午餐时旁边坐了一个本地人，他在讲另一个本地人，即州长哈罗德·史塔生（Harold Stassen）的事。"谈到毅力，"他说，"应该非哈罗德莫属。他一直想竞选总统，可是没有成功。将来也不可能成功。"

"或许你说得对，"我告诉他，"不过他这一路走来不是得到了很多乐趣吗？"

持之以恒的回报可能会很大，你要努力去争取。没错，我们应该将眼光放在目标上，不过持之以恒的价值未必就在于达成目标。其中的价值在于，你曾经努力地尝试过。有句话是怎么说的？"即使爱过又失去，也比从未爱过要好。"说得一点都没错！

而且，当回报真的来到时（经常都会的，当然哈罗德·史塔生是例外），你所得到的满足感会更大。可是别人以为持之以恒很容易。

当你越坚持的时候，你会发现自己越陷入流沙当中。这就是在自我销售的过程中要克服万难的原因，就像销售产品或服务时也要打消客户的疑虑一样。自我销售的旅程可能比在新泽西的派恩球场打高尔夫球更具冒险性，许多球员认为，在这个球场打球是难度最大的。其中一处陷阱是世界上最难以跨越的，它被称为半亩地狱（Hell's Half-Acre）。**在你销售自己时，也会有许许多多的半亩地狱在等着你，但所有陷阱都是让人来跨越的。**可能必须花费很多心力，但最后你一定能跨越。

在自我销售时，一定会有很多事物在你最不想要的时候，突然间阻挡了你的路。会有人试图要你放弃。这似乎是人的本性。你是否注意过，当你实施节食计划以及运动计划时，好不容易体重减轻了一点，结果总是会有人对你说："你看起来脸色不太好，你确定还要继续下去吗？"如果你是个销售员，一定随手就能举出许多例子。当你终于下定决心要多打几通电话开发客户，或是要多加班一个钟头时，就会有同事劝说你别做了，让你和他们去好好地喝一杯。看到别人持之以恒时，人们就会浑身不对劲，这似乎是人的天性。

因此，当我告诉你要坚持到底时，也就是告诉你，你会对那无数的阻碍感到惊讶和困惑，甚至生气和沮丧。不过我也是在告诉你，你绝对可以跨越人生的重重障碍而不致浑身都是伤。你可以一直前进而不跌倒。

人生是一场马拉松

我一位很好的朋友的儿子现在只有二十多岁，他最近参加了一场在底特律举行的 26 英里马拉松比赛。这是一项国际性的比赛，因为也有加拿大的选手参赛。路线绕着底特律河，这是一条国界线。这个年轻人已经训练很久了，不过他从没跑过这么远的距离，他不确定自己能不能跑完。

在大部分的路程中，他的肋骨发痛，小腿痉挛，脚上还起了一个很大的水泡。许多长跑者都知道，在到达某个距离时，你会感觉前面有一道"墙"，你几乎以为自己一步也跑不动了，不过，只要你不停下脚来就能继续前进。我的年轻朋友就是这样一路到了终点。他没有赢——如果胜利是以第一名来评判的话，但是他也没有输。就像人生中的许多历程一样，真正的竞赛是胜过自己和时间，也就是要跑完全程，不论处境如何。做到这一点的人就是赢家。

人生就是一场赛跑。在自我销售时，你主要的对手就是你自己。坚持不断地销售自己，你的毅力会让你成为赢家。

通往成功的电梯坏了

要遵循一项法则："一次只走一步。"如果你遇到问题或困难，把它解决或把它排除，然后面对下一个挑战。这样一来，所有的问题都不会难以解决。当你清除了一个障碍之后，准备要面对下一个时，你会发现它已经自动解决了。时间会解决许多问题。持之以恒，告诉自己一次是不够的，在扫除障碍后要更加努力，并培养走完全程的耐力。实现这一切的最好方法是遵循"一次只走一步"的法则。

我办公室里贴着一句标语："通往健康、快乐以及成功的电梯坏了，你必须爬楼梯——一步一个台阶。"如果你能一步一步地走，那么是不是有部坏掉的电梯就根本无所谓了。只要有梯子通到你想到的地方，你就能成功。继续向上爬就对了。

有人说，那些不忙碌的人和那些不挣扎、不奋斗的人只是在等死——自我销售时的道理也是一样。秉持努力和毅力，坚持你要做到的事，坚持将自己销售出去，这些都是很健康的态度。辛苦努力绝对不会置人于死地。但是，无所事事、浪费光阴、做白日梦、不敢奋勇向前、不能一步一个脚印，这些都是致命的心态。

毅力意味着，你要在自己的生活中做个领导者，而不是跟从者。不要跟随别人的标记，你要做那个刻下标记的人。当然，你必须明白自己要往哪里走。我的办公室里还贴着一句标语（我说过，它们布满了整面墙）：生活全部的秘密就在于明白自己想要什么，把它定下来，然后努力达成。

现在你知道为什么我在每一章的结尾，都会列出你该做的事了吧？这样能增强你的信念，给你坚持下去的力量。若要成功地自我销售，你就会需要这股力量，因为如果你不能坚持实践必须做的事，就不会成功。如果你不去践行，怎么会有成功的可能？很多人都告诉我："乔，我听了你的话，也看了你的文章，听起来都很不错——但是我怎么能确定你的论点有用呢？"

我的答案一向是："你怎么能确定它们没有用呢？除非你试过，否则永远不会知道——坚持到底吧！"

而同样的这些人后来会告诉我或写信给我："乔，我很高兴我能持之以恒。是毅力让所有的法则在我身上产生了作用。"

这是真的。如果不能加以实践，再好的法则也没有用处。再好的指导方针，如果你不用的话，也是枉然。再好的建议，如果你把它丢在一边，也就毫无价值。

持之以恒会有收获的。我们的先人就是凭借毅力开疆拓土，探索河流、高山和森林的。是毅力建立了美国。把人生当作在河流中乘独木舟前进，就像先人一样（不过我的祖先不会这样，我们在西西里不太乘独木舟）。美国的开拓者，无论他们来自何处，都在河流中破浪前进。当他们奋力和水流搏斗时，也就一步一步地逆流向上。但是他们一旦停下来，就会被水流冲走。美国不是靠那些被水流冲走的人建立起来的。

有的人也会被别人劝退，从而不再逆流向上；或是遭到嘲笑，从而放弃努力。你在销售自己的过程中，会看到有些人对你的努力报之一笑，不是鼓励的笑容，而是讥讽的笑容。你还会听到一些卑劣的言辞，对此你要充耳不闻。他们和那些问你"你确定要继续减肥吗？你胖的时候看起来比较好看"的人是一样的。

前面我们谈过，这类人会成为我们的风险。他们是那种保守苟安的人。不要成为这种人。大家都希望安全无虞，希望不被牵连，希望不要翻船。身为一个汽车销售员，我要告诉你：车子放在车库里，不要开到街上最安全。可是那不是发明汽车的目的。这句话我是在某处读到的，不论出自哪一个人，我都要盛赞他，因为它实在对极了。

我有位销售员朋友给我上了一课，他知道车子就是要在路上跑的，那才是属于它的地方。他告诉我，毅力是他成功的真正原因。

这个销售员的办公室就在我的隔壁。他在销售方面的能力和毅力常令我惊讶。虽然我每年都取得了非常优秀的业绩，但当我看到有人成功时，我对成功的赞叹都是由衷的。

如果客户站起来准备要走了，这位销售员就会碰一下客户的手臂——但完全不施加任何压力，毕竟大多数人并不介意被陌生人碰一下，这个动作在说："别走，我希望你成为我的客户。"他的脸上显示了挽留的意思，他的眼神及声音也都在做同样的努力。我从未见过如此有决心、不肯放弃的人。有一天我问他是否有什么秘诀。我说我希望也能像他一样，我想分享他的力量。

"乔，"他说，"很简单。我不相信别人所说的'不'字。对我而言，'不'就代表'或许'，没别的。而'或许'则代表'是'。把这些记在脑中，它们会帮助你坚持到底。"

我从未忘记他的劝告。我也把它告诉了别人。当你"一次走一步"时，面对下一步，你疲惫的身躯和脑子会告诉你"不"，这时候你要对自己说："不"就代表"或许"。或许你可以再走一步，如果你肯试试的话。或许你可以做到。然后，再对自己说："或许"代表"是"。当你说"是的，我办得到"的那一刻，你又跨出了一步，就像我朋友的孩子，那个马拉松赛跑者一样，他跨越了那道"墙"。

持之以恒的三个法则

1. 弄清楚自己想要什么，然后努力达成。

2. 通往成功的电梯坏了，所以你要一个台阶一个台阶地爬上去。

3. 深入理解"不"的含义。"不"只是代表"或许"，而"或许"就代表"是"。

读者们，这就是全部了。我已经把我所有的成功经验拿来与你们分享。我也分享了朋友或同事告诉我的要点和实施事项。我还摘录了我读过或记得的语句。

你无法立刻做到全部，如果你硬要去试的话会陷入困境。一次走一步就好，对每一项法则均持之以恒，坚毅地去实行每个指导方针和每个建议。

很快你就会发现自己的改变——变得更好。你的热忱和信心会源源不断地产生。你会感觉到前所未有的美妙。你会发现自己更常微笑了，自己的体重减轻或增加了（如果那是你的目标的话），并且达成了更多笔交易，和别人相处得更好。你会发现，自己对"我好可怜"的悲哀论调不再感兴趣。你换了一张快乐的脸。然后，你会惊讶地发现，这些转变都反映到其他人的身上了。

你将懂得欣赏自己的成熟，也不再受年少冲动的影响。身为女人，你会感觉到全新的喜悦；身为男人，你会感觉别人商业上的成功对你的威胁不再那么大。

又或许，生平第一次你会为你特殊的种族背景感到骄傲，你知道它给了你力量。

你会更容易遵守承诺，说实话也更容易。还有，就像少年伽利略一样，从父亲交给他望远镜的那一刻起，他的世界就变得无限宽广，你的人生视野也会变得开阔。当然，你也会取得更多更大的成功。

我怎么知道这是真的？因为这就是过去发生在我生命中的事实。如果这些法则能帮我从 35 岁时的失败中站起来，让我做出了 180 度的转变，那么它们也能为你做同样的事。它们就如同餐厅里所摆放的美味可口的食物，如果你只是坐在那儿，那么它们一点用处也没有。唯有当你伸出手并把各式食品拿出来放进你的盘子时，它们才是真正属于你的。

自己动手吧！

现在就行动！

- 销售……

   销售……

   销售你自己……

   成功就从现在开始。

图书在版编目（CIP）数据

怎样打造个人品牌/（美）乔·吉拉德
（Joe Girard）著；王淑贤，马亚博，李谦译 . -- 修订
版 . -- 北京：中国人民大学出版社，2024.4
（乔·吉拉德巅峰销售丛书）
书名原文：How to Sell Yourself
ISBN 978-7-300-32696-2

Ⅰ.①怎… Ⅱ.①乔… ②王… ③马… ④李… Ⅲ.
①品牌－企业管理 Ⅳ.①F273.2

中国国家版本馆 CIP 数据核字（2024）第 067914 号

乔·吉拉德巅峰销售丛书
怎样打造个人品牌（修订版）
［美］乔·吉拉德 著
王淑贤 马亚博 李谦 译
Zenyang Dazao Geren Pinpai

出版发行	中国人民大学出版社			
社　　址	北京中关村大街 31 号	**邮政编码**	100080	
电　　话	010 - 62511242（总编室）		010 - 62511770（质管部）	
	010 - 82501766（邮购部）		010 - 62514148（门市部）	
	010 - 62515195（发行公司）		010 - 62515275（盗版举报）	
网　　址	http://www.crup.com.cn			
经　　销	新华书店			
印　　刷	涿州市星河印刷有限公司			
开　　本	890 mm×1240 mm　1/32	**版　　次**	2024 年 4 月第 1 版	
印　　张	9.75	**印　　次**	2024 年 10 月第 2 次印刷	
字　　数	201 000	**定　　价**	69.00 元	